徐泰辉 / 著

推开法务的门

一本书
告诉你，
关于
法务职业的一切

中国法制出版社
CHINA LEGAL PUBLISHING HOUSE

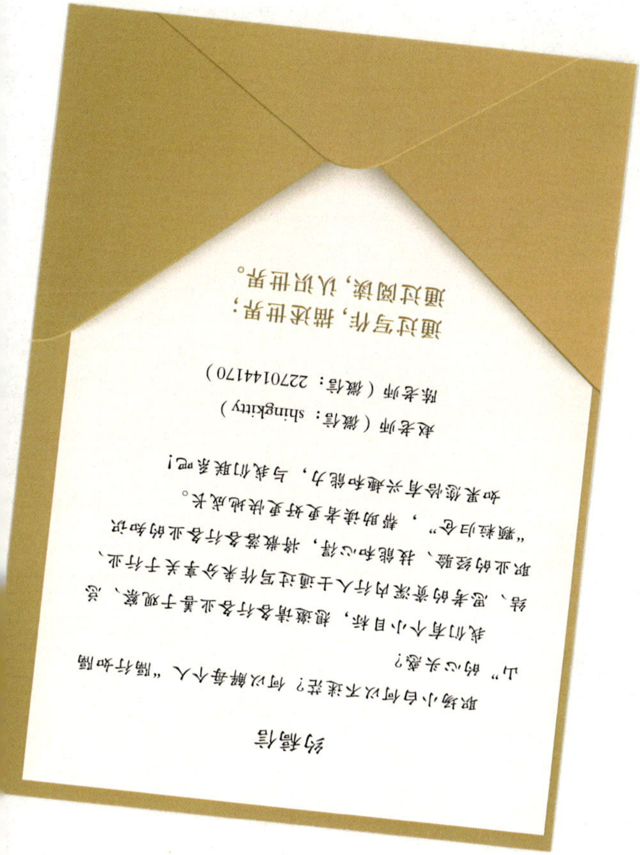
约稿信
职场小白何以不迷茫？何以解每个人“隔行如隔山”的心头惑？
我们有个小目标，想邀请各行各业善于观察、总结、思考的资深内行人士通过写作来分享关于行业、职业的经验、技能和心得，将散落各行各业的知识“颗粒归仓”，帮助读者更好更快地成长。
如果您恰有兴趣和能力，与我们联系吧！
赵老师（微信：shingkitty）
陈老师（微信：2270144170）
通过写作，描述世界；
通过阅读，认识世界。

母亲、妻子和女儿

序　一

我的学生徐泰辉的作品《推开法务的门》一书即将付梓，嘱我作序，我欣然为之。泰辉读研，一直跟着我，刻苦学习，认真钻研，毕业论文获得优秀，我一直记得。他毕业后做了十余年公司法务，成绩显著，继而又做律师，在法律的园地里不断耕耘，都很有成果。他把从事公司法务的工作经验和职业经验进行总结，编写成书，多有睿智之论，相信对法务同行和其他法律人都会有所启迪。

市场经济是信用经济、法治经济。坚持市场经济方向不动摇，继续加强法治建设，打造市场化、法治化、国际化营商环境，就要依法平等保护各种所有制企业产权和自主经营权，完善各类市场主体公平竞争的法治环境。负责将上述理念落地执行的，就是在各类企业中辛勤工作的广大法务工作者。他们是信用经济、法治经济的践行者与守夜人，没有法务，企业主体的依法经营近乎空谈。他们是企业防控与化解经营风险的良医，没有法务，依法治企的理念殊难实践。他们是企业合法权益的有力捍卫者，没有法务，依法维权便难以开展。他们也是法律职业共同体的重要一环，在经济生活中处于法律职业共同体的最前端。

当下还有很多企业家尤其是民营企业家并未真正认识到法务及其工作的重要性，不了解法务到底能解决哪些问题，没有发挥法务在风险化解与防控中的重要作用。其实，法务应该是企业家的良师益友，企业家朋友要了解法务、尊重法务、真正重视法务工作。同时，在法律职业共同体中，尽管存在法律职业共同体内部的职业流动与转型，但法务与法官、检察官以及律师互相之间也比较缺乏了解，法律职业共同体内部的职业流动与转型也没有那么顺畅，职业精神、理念的构建与形成也存在困难。

在法律职业生涯规划与教育方面，法律高校对学生的法律职业生涯规划与教育力度不够，效果也不尽如人意。很多法学毕业生因初入社会阅历不足，在择业以及职场初期会遭遇诸多挫折与困难。其中，对法务职业生涯的培训、探讨和关注更少，也缺乏对法学毕业生如何就职于法务的业务指导。

泰辉的《推开法务的门》总结其十二年法务职业生涯，将自己对法务职业的理解认识以及经验教训系统整理、编写成书，这对企业家了解法务工作、法律职业共同体成员之间的转型与交流以及法学毕业生择业都有很重要的意义和价值，因而向广大读者推荐本书，希望大家喜欢。

杨立新

中国人民大学教授

中国法学会民法学研究会副会长

序　二

“隔行如隔山”，这句话哪怕在法律职业的内部也依然适用。从恢复律师制度起算，中国法律职业的充分发展才不过四十余年。作为新中国最早的一批律师队伍中的一员，我亲历了中国法律职业群体的成长壮大，也深切体会着法律职业内部不同工种的思维方式的分野。中国法律职业群体要成长为德国社会学家马克斯·韦伯所言的具有同质性的“法律职业共同体”，还需要彼此有更多的了解和渗透。

在现代企业中，法务是律师和企业连接的桥梁。这些年，法律职业共同体之间的沟通、交流、转型越发多了起来。我看到很多法务朋友在工作多年后转型成为律师，同时，也有很多律师朋友选择进入公司成为法务人员，一些法官朋友也会选择转型成为公司法务或者律师。我热爱律师行业，也鼓励和支持年轻人勇敢选择适合自己的职业，但是，一些初入律师行业的年轻律师对于企业法务的性质、工作内容、行为方式了解较少，以至于对他们更好地服务企业客户产生了一定的障碍。对他们而言，除了在实践中亲身摸索和体验，通过一些有价值的介绍法务工作与生活的专著或者作品来快速了解法务及其职业也是必需的。然而，比较遗憾的是，目前国内系统介绍法务及其工作的书籍甚少。

恰在此时，徐泰辉顾问请我就此书作序，我也饶有兴致地拜读了此书，深觉此书文风幽默、通俗易懂且内容实操性强，不仅能作为年轻法务朋友快速入门与成长的教科书，也可以作为从其他职业转型法务的重要参考，更有助于律师更好地了解自己最亲密的法务"战友"，提高服务意识和水平。徐泰辉顾问拥有十余年大型企业法务工作经验，他以亲身经历写就的这本《推开法务的门》，相信能为所有服务现代企业的年轻律师提供有益的启发。

每一行都有自己的价值和局限，都有其特殊的逻辑。我更希望所有有意转型为法务的朋友，在做出决定前看一看本书，充分了解法务职业的苦与乐，提前对工作方式和思维方式的转变有一个预期，这会对你做出正确的判断，或者在转型之后更顺利地进入角色，大有裨益。

同时，此书对企业家朋友亦是有价值的。要知道，企业依法经营和风险防控都离不开企业家朋友对法务工作的深刻理解和支持。我很高兴这本书能够顺利付梓，衷心希望徐泰辉顾问的律师职业生涯能够一帆风顺，也希望更多的朋友能够读到此书。

是为序。

刘鸿
北京浩天律师事务所主任
2021 年钱伯斯全球法律指南评选出的业界贤达

序　三

当今世界正经历百年未有之大变局，我们每个人都在见证着历史。新冠肺炎疫情的蔓延对全球经济、政治都产生了巨大的冲击和影响，世界局势复杂多变。在上述巨大影响之下，众多公司的战略布局、商业模式以及法务的日常工作也不可避免地要做出积极的调整和适应，甚至要经历阵痛。

外部环境的变化实非我们个体所能左右，但作为法务，我们在这样的背景下还是应当坚守以下四项原则，做到以不变应万变。

首先，法务的工作要以业务和结果为导向。法务与律师的基本区别就是法务直接服务于公司业务，法务比律师应该更加深刻地了解公司业务。法务没有其他客户，其唯一的客户就是公司。因此，作为法务我们要支持好、服务好公司的业务、业务部门及业务同事。此外，很多时候我发现法务朋友提出的建议看似美好，实则并不具有可操作性和可持续性，对公司管理层来讲意义不大。故此，以解决问题为核心、以结果为导向是所有法务朋友要牢记的原则。

其次，天道酬勤。作为法务，我们永远要把勤奋和努力作为自己的座右铭。一些从律师事务所的律师转型做公司法务的朋友总是期望追求工作和生活的平衡，恰恰是这点容易导致一个误区——很多人以为做公司法务会比做律师清闲，甚至很多老法务习惯于划水、摸鱼和躺平，这点相当危险。我见过不少公司法务负责人的工作压力和勤奋程度丝毫不亚于律师事务所的合伙人。我对自己和团队的要求也是一样——勤奋是第一工作原则。

再次，不唯上，不唯虚，只唯实。良药苦口，基于事实的真话一般不太中听。因此，一些法务朋友在工作时自然不自然地先去“揣摩上意”，总是先去考虑领导是不是愿意听、喜欢听。然而，法务是公司里的最后一道防火墙，如果我们法务都不敢说真话，公司其他部门还有谁敢说真话?!此外，我们在分析、处理项目或案件时，一定要实事求是，要基于事实才能提供专业意见。但是一些法务朋友在对基本事实都没有了解清楚的情况下就贸然做出判断或结论，这是非常危险的，也是不负责任的。

最后，法务一定要提升解决问题的能力。作为公司的法务负责人，我们一定要站在公司决策者的高度考虑问题，不能仅仅站在本部门的角度，或者局限在法律领域去思考。发现问题，分析问题，最终能够解决问题，这是优秀法务人员的核心竞争力。我们在职场上，经常会遇到一些专业的法务人员，他们能够敏锐地发现问题，能够透彻地分析问题，但不能务实高效地解决问题。当一名法务在面临业务同事或老板的挑战时，不是简单地说“这事不能做”，而是告诉业务同事或老板“这事能够这样做”，那么这名法务就实现了从纯专业法律人士到复合型人才的跨越。

泰辉于十三年前离开四大国际会计师事务所，从税务与商务咨询师转型做法务。恰巧当初有缘相识，我招聘他进入某世界五百强公司的法务部，开启了他的法务职业生涯。因此，当他请我为他的大作《推开法务的门》作序时，我欣然应允。一览之下，颇觉解渴。此书文笔诙谐幽默，将泰辉自己在过去十多年的法务职业生涯中的酸甜苦辣都娓娓道来，真实细腻，且颇具实操价值。对有兴趣了解真实的法务工作生活，以及有志于从事法务职业的朋友们来说，这确实是一本不可多得的法务实践指导著作。泰辉在本书中所倡导的法务职场发展理念，也与我上面提到的四项原则不谋而合。故此，我强烈向广大法务朋友推荐此书，也期待能有更多、更优秀的此类作品涌现出来！

高唤栋

联想集团副总裁兼中国区总法律顾问

前　言

2021年6月，我离开了曾为之奋斗过十二载的法务职业，毅然决然地加入了浩浩荡荡的律师队伍。回首这十余载职业生涯，我不禁感触良多。

曾经，在法学院毕业之前面临择业时，我手足无措，甚至不知该向谁求教，也不知该如何进行职业规划，直至懵懵懂懂踏入职场，方才明白过来人点拨的重要性，方知何为“听君一席话，胜读十年书”。故此，我想把我的法务职业生涯故事分享给法学院校的在校大学生，希望你们能在以后的择业与职场中少走弯路。

曾经，我从某四大会计师事务所离职，前路漫漫，不知路在何方，更不知向何处转型。我那时是多么渴望能有人帮我分析利害、指点迷津啊。故此，我想把我的法务职业生涯故事分享给打算转型做法务的朋友，希望你们顺利转型，在新的岗位实现自己的抱负与追求。

曾经，转型做法务伊始，面对业务同事充满狐疑的目光，我的内心充满不安与紧张。面对个别法务“老人”的无理挑剔、责难与“甩锅”，我心中充满愤懑却无处宣泄。作为法务新人，我当时是多么希望能够尽快进入角色，成为一名胜任的法务人员啊。故此，我想把我的法务职业生涯故事分享给法务新人朋友，希望你们能够尽快融入团队，书写自己的辉煌。

曾经，我见到过太多的民营企业家朋友，因为对法务工作的不了解，做出了错误的决策，给企业带来了不必要的损失。我是多么希望这些朋友能够深入了解法务的工作内容以及一个称职的法务能为你和公司带来哪些帮助啊。故此，我想把我的法务职业生涯故事分享给企业家朋友，希望你们的公司无灾无难、业绩长虹。

于是，我不揣浅陋，想写一本系统反映法务职业生涯的书。不同于市面上其他关于法务的书籍，本书的特色是将目光投放到整个法务生涯，以通俗轻快的语言，将法务生涯娓娓道来——从法务的概念、特点、历史，到法务的择业、深造、晋升，到法务的跳槽与转型，再到法务的工作内容与技能养成，最后系统讲述了法务在执业过程中可能面临的风险与责任。

衷心希望这本书能够切实地给法学院校在校学生、打算转型做法务的朋友、法务新人朋友、企业家朋友带来支持和帮助，也殷切期盼能有更多的人读到这本书并从书中受益！倘有万一，欣喜之至！

目 录

第一章 法务这个行当 001
一、法务是什么 003
二、法务的历史有多长 004
三、法务职业的特点 006
四、法务职业形象 016

第二章 法务生涯面面观 021
一、你离法务有多远 023
二、法务职业与选择行业、公司及领导 035
三、法务的分类 044
四、法务的深造与晋升 049
五、法务的跳槽和转型 057

第三章 法务的工作与技能 069
一、法务的日常工作 071
二、法务的人品 170
三、法务能力培养 173

第四章 法务职业的风险与责任 195
一、外部风险 197
二、内部风险 199
三、自身风险 202

后记 204
名家点评 207

第一章

法务这个行当

一、法务是什么

“法务”（legal）不是法官，也不是律师，更不是法师。法务就是法务，顾名思义，就是从事法律事务的人。“百度百科”对“法务”的定义是“法务是指在企业、事业单位、政府部门等法人和非法人组织内部专门负责处理法律事务的工作人员”。

依我的个人观点来看，“百度百科”这个定义有以下几点问题：

第一，我们所提到的法务更多的是指在企业中从事法律事务的人，事业单位、政府部门中从事法律事务的人对经济生活的参与度要小一些。比如，与企业中的法务相比，事业单位中从事法律事务的人每年起草、审核业务合同的数量一般情况下要少得多；再如，国家部委一般有政策法规司（局）之类的部门，但很少有人称呼里面的工作人员为“法务”。

第二，是否“专门负责”？并不绝对。君不见，在一些初创期的企业，负责法务的人很可能既做行政，又管人事，还管前台的妹子、收发室的大爷和茶水间的阿姨，甚至连笤帚和墩布对不上数了也要管。但你能说人家不是法务吗?! 我在做法务期间，还做过政府关系负责人、董事会秘书、董办主任、总经理助理等看起来也不是纯法律事务的工作。不仅在初创型公司里存在这种情况，有些大型公司的总法律顾问可能还做政府关系（GR），有的跨国公司的总法律顾问还统管人事、行政、法务等部门。故此，法务从事法律事务是肯定的，但是否“专门负责”可不一定。所以，刚入法务行当的职场新人，当领导“叫醒”沉迷于合同审核而不能自拔的你，让你陪同他会见政府部门前来视察的领导时，一定要露出愉悦且真挚的笑容。

第三，“法律事务”也不能做狭义理解。很多人以为法务只负责审合同、打官司这些事，其实，随着公司体量的增大和业务的日趋复杂，在一些大规模平台工作的法务做的可不仅仅是审合同、打官司的差事。比如，在中美贸易战的背景下，某互联网巨头的法务部门早就组建了负责进出口管制的团队；此外，在国内数据隐私合规越来越严格的情况下，他们也相应地组建了负责产品数据隐私保护的团队。后文再对法务具体从事哪些法律事务做详细阐述。

有鉴于此，本文将法务的定义做缩窄理解，即法务是指在企业中从事法律事务的人员。

二、法务的历史有多长

我作为受过法学科班教育的人，平时法学教科书看得多了，写文章开头言必称概念、特征，其后必赘述历史——恨不得时间跨越上下五千年，空间横贯五大洲。本文也未能免俗，我将对国内、国外法务职业的历史简要追述一下，以便大家从时间和空间的维度能更好地理解法务这一职业。

我国历史上最早何时出现法务这一职业实不可考，我翻阅甚多资料也未查出个所以然。新中国成立初期，一些企业内部开始设立法律室，企业内部法律顾问（即法务）制度开始在我国兴起。1956 年，北京律师付志人成为企业法律顾问第一人。但是，1959 年，司法部以及全国各级司法行政机关被撤销，企业法务建设工作也因此停滞，直至 20 世纪 70 年代末期。之后，法务行当春风吹又生。1979 年，中国技术进出口公司设立法律处，标志着停滞了 20 年之久的企业法务重获新生。[①]

在我国，法务不像律师那样由司法部和律协进行管理且从业人员数量可供查询（据司法部官网 2021 年 6 月发布的统计结果，截至 2020 年底，

① 参见王宗正主编：《企业法务：从入门到精通》，法律出版社 2020 年版，第 21—23 页。

全国共有执业律师 52.2 万多人[①]），因此法务的数量一直是个谜。上述司法部统计的结果显示，“公司律师”人数为 1.61 万人，但我们知道不是所有的法务都能称公司律师，故此，法务的数量要远远多于这 1.61 万人。根据国家统计局编纂的《中国统计年鉴 2021》，截至 2020 年底，我国企业法人数量为 25 055 456 个（其中国有、集体性质企业合计 474 023 个，私人企业 23 903 057 个，外资及其他企业 678 376 个）。[②]我们保守估计一下，假设平均每 100 家企业中才会有一家配备法务人员，那么，也有超过 25 万家企业有法务人员。[③]

提到国外法务，首先不得不提到美国法务的渊源。我还曾经就此闹过一个不大不小的笑话。好莱坞老牌影星马龙·白兰度、阿尔·帕西诺主演的电影《教父》（第一部）中有一幕非常经典：教父让其养子（同时也是柯里昂家族的军师）汤姆·黑根去约见好莱坞电影大亨华尔斯，以便让教父的朋友成为华尔斯一部电影的主演。汤姆向他介绍自己说：“I am a lawyer.（我是律师。）”华尔斯听罢趾高气扬且轻蔑地说：“I know almost every big lawyer in New York，who you are?（我差不多认识纽约的每位大律师，你算老几？）”汤姆回答：“I have a special practice，I handle one client.（我的执业情况特别，只为一位委托人办事。）”

看完这个片段的第一时间，我就联想到，“只服务一个客户，那汤姆的角色不就是柯里昂家族的法务吗？（尽管他的身份是律师）”，此后，我经常跟朋友开玩笑说《教父》里的汤姆是美国法务的祖师爷。直到有一天，一位博学的法务朋友打断我说：“你可别逗我了，咱们先不提《教父》系列是文学作品，要知道这些作品描述的背景是 20 世纪 50 年代的美国纽约，

① 参见《2020 年度律师、基层法律服务工作统计分析》，http://www.moj.gov.cn/pub/sfbgw/zwxxgk/fdzdgknr/fdzdgknrtjxx/202106/t20210611_427394.html。

② 参见《中国统计年鉴 2021》，http://www.stats.gov.cn/tjsj/ndsj/2021/indexch.htm。

③ 据我向“法盟”创始人马强先生求证的结果，他认为国内国企、民企、外企的法务人员加在一起，人数在 100 万人左右。

而世界上最早在企业内部设置专业法律工作人员的是美国新泽西州的美孚石油公司，时间是1882年。”我当时竟无言以对，转而佩服得无以言表。末了，他还帮我挽回了一下尊严，说：“你也别垂头丧气的，至少最早的法务产生在美国，这点让你说对了。”

除了美国，北欧国家瑞典、荷兰、比利时的企业在内部设立法务部的时间也较早，如瑞典企业早在20世纪初就建立了法务部。出人意料的是，以法国为代表的南欧国家的企业法务在历史上则发展缓慢。[①]一般认为，亚洲国家日本是在20世纪60年代产生了公司法务。[②]

三、法务职业的特点

1. 给我选择法务的理由

1）不离本行

“学一行，干一行”常常是比较难得的，尤其是对许多年来就业情况都不是很景气的法学专业毕业生来说更是如此。但作为法学科班出身的学生，在毕业踏入社会后面临与本专业并不是很相关的行业和职业时，内心往往会经历一些挣扎。比如，我本科时同寝的二哥，帅得跟当时热播的电视连续剧《流星花园》中周渝民饰演的花泽类似的，以至于我总是担心他将来如果从事较为严肃的法律职业时，他的颜值是否会成为一大阻碍（在较为庄重的场合，他的颜值容易“出圈”）。事实证明我想多了，他毕业后在一家国际著名药企做了销售。我研究生时同寝的一个同学毕业后从事的是金融行业，与法律的关系也不大。尽管他俩在各自的领域都发展得很好，但至今见我时还总是遗憾没有干老本行。

---

① 参见王宗正主编：《企业法务：从入门到精通》，法律出版社2020年版，第20页。

② 参见苏云鹏著：《公司律师：成为公司的价值创造者》，中国法制出版社2020年版，第21页。

在学习了至少四年法学专业后，能在与专业知识相关的领域开展工作，从某种角度来讲也是一种幸福。因为从事本专业的工作不仅仅意味着至少在理论层面不用再面对很多陌生的知识，还意味着自己的校友资源也会在执业领域得到更好的发挥。就拿我来说吧，我硕士研究生毕业后从事的第一份工作是在国际四大会计师事务所的某家做税务及商务咨询工作，可以说跟之前所学习的民商法专业没有“半毛钱关系”。这导致我在入职后的一段时间内极其不适应——我现在还记得当时在四大职场人必去的 BBS（网络论坛）“雁渡寒潭”里被一些四大前辈半开玩笑地称作“小朋友”时的场景，而彼时我在“中国民商法律网”BBS 里还是个小有名气的版主（花名“六脉神剑”），曾经有一度还较受众多师弟师妹的错爱。此外，在办事层面，当我在税务局跟专管员进行艰难沟通时，出身税务专业的同事早已通过自己的校友资源获得了更多的信息，从而更顺畅地解决了问题，不禁令我汗颜。

2）生活和工作平衡

对许多职场人来说，“生活不止眼前的苟且，还有诗和远方的田野”，随着他们年龄的增长、家庭的建立，白头搔更短，他们不仅工作中奋力拼搏，也愿意花更多的时间在家庭、健康和自己爱好上面。

对比法官、检察官、政府公务员和律师，法务职业在一定程度上可以满足工作与生活平衡的需求。应该这样说，因为法务身在职能部门而不是业务部门，所以大部分法务在勤勉敬业的情况下，工作压力相对来讲小于其他法律职业。

当然，凡事并不绝对。在一些民营企业、互联网大厂，公司和老板要求较高，加班频繁，想要在获得体面收入的同时拥有闲适的生活实属奢望。我认识的一位检察官出身的大哥，曾加入国内某著名大厂成为法务，其后因为工作繁重，退而求其次，选择了一个中型公司做总法律顾问，实现了工作与生活平衡的愿望。

3）收入尚可

据相关报道，我国企业法务人员中，年薪不足 10 万元的占 21.80%，年薪在 10 万 ~ 25 万元的占 45.86%，25 万 ~ 60 万元的占 21.05%，60 万 ~ 100 万元的占 6.02%，100 万元以上的高薪法务人占 4.89%，法务薪酬的中等分位水平约为 17 万元。[①] 这种收入水平放在我国还是可以的。此外，根据行政薪酬数据公司 Equilar 发布的《2019 年总法律顾问薪酬趋势》分析报告，财富 1 000 强公司总法律顾问平均薪酬为 260 万美元，比上一年增加 3.7%；男性总法律顾问的收入比女性收入高出 18.6%。[②] 这个收入就相当令人心动了。在我国的一些知名企业里，如华为、阿里、腾讯等，据我所知，法务人员的收入还是很优厚的。

4）进可攻，退可守

法务这个职业进可攻，退可守，可从容转型。对一些不安于现状或因职场遭遇天花板而想去尝试更多可能性及实现更多社会价值的法务（如我本人），可能会转型去做律师。这样的例子在我身边屡见不鲜。我有一位法务朋友，他原来是某知名公司法务部的维权负责人，曾经做得风生水起，在圈子里颇有名气。他当初进公司时赶的节点不错，拿的股票较多，几年过后也实现了财务自由，而且他如果继续做下去还是有一定发展空间的。但他有更大的抱负，就是拥有一家自己的 law firm（律师事务所），并在文娱行业做出一番事业来。故此，他在职场巅峰时期毅然选择离职，创办了自己的律所，令我敬佩不已。

还有的法务选择参加法院公开招录或公务员考试，从而顺利转型成为公务员，在另一个平台上实现自己的价值和理想。我以前有一位女下属，她就选择离开北京回到老家法院做了法官，工作安稳，生活平衡。

---

① 参见《中国法务薪酬报告，大部分人年薪 10 万 ~ 25 万》，https://www.sohu.com/a/145648235_672889。

② 参见《2019 年总法律顾问薪酬调查：整体薪酬呈上升趋势 | 快看哪些总法收入更高？》，https://www.sohu.com/a/338743930_744278。

2. 一些缺憾

1）较为依赖行业、公司及领导

世上没有完美的事物，法务职业也是如此。法务职业的第一个缺憾就是较为依赖所处的行业、公司和领导。

为什么说法务较为依赖所处行业呢？老话说得好，“男怕入错行，女怕嫁错郎”（其实女也怕入错行，男也怕娶错媳妇），因为毕竟个人在大势面前总是蚍蜉撼大树、渺小如尘埃，无法抗拒，更无法扭转大势。行业发展的规律就是一个大势，毕竟如同每个自然人一样，每个行业都有自己发展的周期定律，有自己的“成住坏空”——成长、壮大、衰老、凋谢，非常正常。在择业之初，你所选择的是朝阳行业还是夕阳行业，毋庸置疑，结局肯定是截然不同的。如果你选择的是朝阳行业，就好像买股票买到低点，随着这个行业的逐渐成长，如果行业越发展越好，身处其中的你必然也会跟着水涨船高。就像“小米”创始人雷军先生曾经说过的，站在风口上，猪都能飞起来。

以金融业为例，就像圈内常说的，2004 年左右的时点进入了券商行业，2008 年之后的时点进入了信托行业，2010 年之后的时点进入了私募行业，都会让你获得很好的机会。如果选准行业，那么很显然，你在一个很好的时点进入了这个行业，就能充分地享受到这个行业高速发展所带来的红利。以我自己这些年的经验来看，同样的学历背景，聪明才智也差不多的人，只是由于择业的时候进入了不同的行业，十年过后，甚至都不用十年，他们在各方面都产生了非常明显的差距，这个就是择业之初自己的选择所带来的结果。

选择好行业固然很重要，然而，你所选择的平台毕竟是具体的公司，公司其实也是至关重要的。即便行业再不好，里面也有做得非常不错的公司，员工会有很好的待遇。反之，也有行业虽然很优秀，但公司在行业里边属于排名很靠后的公司，员工过得也比较苦闷。作为承载法务职业生涯的平台，公司的成败很大程度上决定了法务生涯的成败。我有一位法务朋友，她原来在某“红圈所”[①]做律师，后来决定转型做法务。她第一份工作去了某知名 IT 公司，结果她所在的业务条线内部创业失败。迫不得已，她只好跳槽去了某家较为知名的互联网公司。结果没多久，这家公司资金链断裂，老板出逃海外，公司连正常发工资都成了问题。她无奈再次跳槽，这回跳到了一家知名国企，结果没过几年安稳日子，这家国企竟然破产重组了，她又面临着再次择业的窘境。人近中年，这几次失败的跳槽对她打击很大。

除了行业、公司这两个因素，领导这个因素同样非常重要（我父亲就经常说人生有四个“难得”——好父母难得，好配偶难得，好领导难得，好子女难得）。因为即使行业、公司再好，但是如果你所遇到的领导既不能言传身教带领你去成长与提升，也不能提供机会给你锻炼，甚至该领导自身的人品、管理能力、专业能力、情绪控制能力等都很差，那么无论如何，这都不是一个好选择。

后文我们会详述如何尽量选择好的行业、公司及领导。

2）职业瓶颈较为明显

什么叫作职业瓶颈呢？我个人认为，个人价值增长、学习机会、晋升机会、薪酬空间上升遇阻且很难突破就叫作“职业瓶颈”。

在刚进入法务这个行当的时候，你可能会自我感觉良好，因为有很多的工作机会（不信你可以去那些招聘网站上浏览，有很多初级法务的职位）。如果你有机会进入较好的平台做法务，各种薪酬福利起点就会很高。例如，如果你一开始就进入了优秀的欧美外企或者是国内比较顶尖的互联网大厂，你的薪酬福利是有相对优势的。但是随着年龄、阅历、工作经验的增长，你会发现，当你从法务助理（或专员）逐渐升到法务经理、高级

---

① “红圈所”百度百科详情参见 https://baike.baidu.com/item/%E7%BA%A2%E5%9C%88%E6%89%80/24123044?fr=aladdin。

经理、总监、高级总监、副总裁等，越往上走，职场这个金字塔留给你的空间就越小。因为好的坑儿（猎头一般把岗位叫作“坑儿”，源自“一个萝卜一个坑儿”这句俗语）自然有人占着，况且好坑儿本来就不多。坦率地讲，世界五百强企业，总法律顾问也只能是五百个。此时，再回头看那些在你毕业的同时选择做律师的同学，从收入上，你的内心可能难以平衡：虽然这些同学刚入职时很辛苦，与他们相比，你的生活和工作比较平衡，收入也有保障，但是十年之后，他们可能已经年入百万了，做得好的人年入千万也不在话下。①

3）职场角色重要性一般

在公司中，法务部门与人力资源、财务、行政部门一样，都属于支撑部门或职能部门，最终还是要为业务部门服务的。而在公司里，谁创造利润谁就有话语权，并享受更丰厚的利益分配。法务的本质以及在整个公司中的角色定位，就决定了法务的重要性与创造收入的业务部门无法相提并论。即使在最优秀的公司，法务也是比较边缘化的。有时，还不仅仅是边缘的问题，曾有人形象地说，法务部门的尴尬在于本身属于边缘部门却往往处在公司政治斗争的旋涡之中。在一些小公司里，尤其是处在初创期的企业，赚钱第一、生存为先，公司领导一般也不太重视法务，经常是事前防范不重视，事后“擦屁股”的时候才想起来找法务，处理不好还埋怨法务能力不济。

从收入角度讲，业务部门是赚得最多的，而法务在整个公司收益分配的链条中无疑还是处于弱势的。举个例子，每到发年终奖的时候，法务一般会多拿一个月的工资，有的大平台法务会拿相当于几个月工资的年终奖，但是估计很多人不知道，有的游戏公司里年纪轻轻的业务人员拿了年终奖

① 坦率地讲，法务年薪能超过百万的还是少数。但如果是做律师，有比较好的人脉、平台、专业领域且自身也极为勤奋，那么在一线城市年收入超过百万并不难，甚至我见到的很多“80后”“90后”律师，年创收五百万以上甚至上千万的也大有人在。但是，法务年入上千万基本上是不可能的，个人觉得即便是很多知名公司的总法律顾问也未必能达到。

后直接买房交首付去了吧。

从晋升的角度讲，我们常常看到这种情况，法务与业务同事相比，晋升难度更大。与业务部门的同事开会时，你会发现业务部门的领导通常很年轻（互联网公司尤其如此），除去个人能力及机会因素，其实还是因为法务并非公司核心部门。我之前的一个下属，他后来去了一家国内互联网大厂做法务。他是 1987 年出生的，在我看来还是年轻人。但当他发现与他对接的业务部门领导是 1995 年出生的时候，内心不禁五味杂陈。我在某公司负责业务线法务工作的时候，看到一位与我差不多年纪的业务同事一年内连升两级，而集团法务部的法务常常是两三年升一级都很难，并且普遍级别较低。

因此，我看到身边的一些法务朋友最后还是选择转到了业务部门，其中有一些还做得有声有色。

4）专业面太狭窄或太分散

通常，在较大规模的公司，由于法务部门人很多（像阿里、腾讯、字节跳动等，法务动辄上百人甚至是几百人），这就导致每个法务的分工很狭窄，工作领域特别细。给人感觉每个法务就像一颗螺丝钉一样，各管一摊，除了这摊其他的基本上什么也不管。这就往往造成一个后果，越工作到最后，法务的价值感就越低——你只对自己所负责的很狭窄的一小块领域很了解，除此之外的领域都不是十分清楚。

反之，在小规模的公司里法务能做的事情会有很多。如果你在一个不大的民营企业从事法务工作，这种民营企业可能规模很小，只有几十位员工，甚至有可能只配备一个法务人员。这时候，就需要你是一个综合性法务，诉讼、非诉都要做，从最简单的起草、审核合同到投融资、并购、IPO 等业务，你都有机会接触和参与。但实际上，因为你所做的范围很广，那么你的精力就必然很分散，可能很多时候都需要外部律师的支撑，专业度就很难提升上去，所以很难称得上具备专业性。

此外，我们会看到，有的大平台出来的法务，在他跳槽去小规模公司的时候，可能会面临一个尴尬。例如，他以前在大平台专做维权（诉讼或行政投诉），而到了这家小公司必须起草、审核合同，这并不是他的强项，很多都要重新学起。而小公司的法务去大平台面临的问题则是自己以前做综合性法务时涉及的领域很广泛，但很多今后就不涉及了，所以以前所积累的相关知识和经验也从此近乎荒废。

3. 法务 VS 其他职业

每一种职业都承载一个人的人生梦想，人各有志。择业时能做自己热爱的工作是最完美的，但是热爱不好描述，在此，仅从工作状态、收入、晋升机会等比较法务及其他职业，方便大家了解并选择适合自己的职业。

1）与公务员相比

从法学院毕业之后，很大一部分法学毕业生选择参加公务员考试。其中，相当一部分人才进入了公务员队伍。如果拿法务与公务员相比，我认为各有优劣势，主要看个人的追求。

公务员整体薪酬水平一般要低一些。随着廉政建设的加强以及对公务员队伍作风的整顿，现在公务员的工作并非有些人误解的"一杯茶，一张报"的"当官"生活，实际上公务员工作强度也不小，压力也相当大。公务员职业的优势就在于稳定。

法务的收入水平要比公务员稍微高一些，并且工作和生活相对平衡一些。相较而言，在企业里做法务，如果企业发展得不错，你作为其中一分子就会跟着收入水涨船高。但是一旦企业发展情况不好或领导看不上你，那也有可能把你裁掉，或者即使不裁掉，也会让你靠边站或把你打入"冷宫"。

2）与大学教师相比

只有很少一部分法学专业毕业生最后选择了读硕士、博士，从此走上学术道路。他们有的是选择本科或研究生先留校，从学院行政人员（一般是辅导员）开始做起，然后再报考并就读硕士或博士研究生，最后在本校或在其他高校通过做讲师、助教、教授一步步发展。从社会地位上讲，相比于法务职业，高校教师会更受人认可一些。就像公务员一样，别人会对这个职业比较尊敬。

当然，是否走学术道路还是要看个人的追求和选择。有的人确实愿意做学术，比如我研究生的一位同门，他特别热爱学术，也喜欢校园生活（他开玩笑说，之所以选择学术道路和做高校教师是因为他喜欢有寒暑假的生活）。我们硕士研究生毕业之后，他读了博士，读博期间还曾去美国常春藤大学游学，并在国家核心期刊上发表了多篇文章。因为他的聪明和勤奋，他在博士毕业后成为国内某重点大学有史以来最年轻的副教授，没过几年，又成为该校有史以来最年轻的教授。

但是，毕竟高校所能容纳的就业量还是很少的，相对而言，企业法务的需求更大，容纳的就业人数也更多。

3）与企业主相比

还有非常少的法学毕业生，在浩浩荡荡的创业大潮中最后毅然决然选择创业成了企业主。风险跟收益是成正比的，创业往往是九死一生，但是如果真的能脱颖而出，闯出一片天地，那还是相当厉害的，其获取的收益肯定远远要比做公务员或企业法务多得多。我有一位同学，她毕业后去了南方某省会城市加入地产行业，先从法务做起，后转做业务，再后来成立了自己的建筑工程公司，创业颇为成功。还有一位同学，他刚毕业时选择了在国内某红圈所做资本市场律师，之后又选择去了当时颇为热门的某互联网巨头做投融资法务，然后跳槽摇身一变成了某投资机构投资人，最后以个人资金投资某区域物流公司成了股东和管理者。经过几年艰苦努力，他的创业小有所成，俨然已实现财富自由。而他的这一番“神操作”突破了人们的固有认知，把我这个思维固化的“打工人”的下巴都惊掉了。当然，并不是所有人都有意愿、有机会、有能力成为企业家，因为企业家毕竟是极少数人，绝大部分人都是“打工人”，并不适合创业。

4）与律师相比

其实，与法务关联最紧密、工作内容最相近的是律师。律师这个职业刚入行的时候是很苦的，很可能收入很少（部分红圈所、外资所、大所除外），然而加班却很多，甚至经常被合伙人骂得“狗血喷头”（我有几位毕业后做律师的同学刚做律师时就跟我吐槽说常被合伙人训斥）。而大多数刚入行的法务往往过得比较滋润。尤其是律师见到企业的甲方还得弯下小腰，表现出一定的服务意识，故此，法务作为甲方人员在面对律师时总是有一些莫名的优越感（法务最容易产生的错觉就是误把平台的加持当作自己的实力）。但是，律师在经历了职场初期的辛苦与风雨后，如果能坚持住，时间久了，积累了能力和见识，此时市场自然会给律师一个合理的定价。法务的上升空间和瓶颈前文已提及，不再赘述。总体而言，法务做到一定程度后上升空间是很有限的，这点确实跟律师不能比。律师如果做得好的话，一两年内就能有一个很大的跃升。

以上仅从职业发展情况对法务与律师进行了对比，但未触及法务与律师实质性的区别。一般情况下，律师因为精研某些领域（现在上规模的律师事务所都在强调专业分工），故此在这些领域的法律专业度要更高一些（如对法律、法规、政策、案例的理解），而法务虽专业度上一般不及律师，但是法务对行业、公司、经营需求的理解更为深刻，更懂得用何种法律工具来实现公司的目标。比如，对于公司开展的某项业务，律师一般总倾向于提到风险，这对业务同事来说是不能接受的，他们会认为，我找你可不是让你告诉我这件事是不行的，你要告诉我怎么才能行。因此，对法务而言，仅仅提示风险是不够的。要做好法务必须经历至少三个层次：第一层次，能准确识别业务中的风险（很多法务朋友在这个层次尚未合格）；第二层次，衡量业务中的风险有多大，并帮助业务侧将风险与收益进行分析，解决这项业务能不能做的问题（风险大于收益，就要果断停止该项业务）；第三层次，判断该项业务可以做之后，要帮业务解决怎么做风险最小的问题——风险最小化、收益最大化是法务面临的永恒课题。

四、法务职业形象

法务毕竟从事的是一项较为严肃的工作，对着装和外在形象有着一定的要求，故此我们分别从这两个角度展开叙述。

1. 西装革履 or 运动装

先说着装。我们一般要根据法务所任职公司的类型和公司内普遍的着装要求、整体氛围来决定自己的衣着。举几个反例给大家一点直观感觉：我看到有个别男性法务，在白色衬衫里穿了一件大红背心，颜色特别鲜艳，给人的视觉冲击力极强，让人感觉特别无语。还有的法务虽然打着领带，但是领带的下端格外长，也给人感觉特别不专业。还见过一位法务朋友，他的腰间常别着一串钥匙，像仓库管理员一样，走起路来叮当作响，宛如驼铃，给人的视觉和听觉都带来了不适。其实，上述这些细节都是我们法务人员应该注意的。他们之所以没注意到这些，究其原因，还是一般公司不会对法务的着装进行要求，也没有这方面的培训（即使是律师，一般的律所也没有这方面的培训）。

回想十几年前，我在某四大会计师事务所刚入行的时候，所内就有关于衣着和仪态相关的专门培训。比如，西装怎么去搭配领带、衬衣，领带长度最长不能超过腰带，衬衫比袖口稍微长 1~2 厘米，等等。另外，对于腰带、皮鞋、袜子的颜色也都有要求，比如袜子不能穿颜色特别鲜艳的。打个比方，有的时候你穿深色西装、西裤、黑色或深色的皮鞋，然后裤脚处突然绽放出一双白袜子，给人感觉就特别跳戏。如果你再手持一顶礼帽，我还以为迈克尔·杰克逊归来了呢。12 年前，我在某世界五百强的外企从事第一份法务工作的时候，美国总部法务部的领导曾经出差来北京办事。当时我负责接待工作。他们整体的衣着就非常 professional（职业），跟我们在美剧中所看到的美国精英律师是一样的，甚至比我看到的很多国内律师穿得还要 professional，再加上那位法务大领导长得酷似好莱坞男影星布拉德·皮特，令人印象特别深刻。

虽说如此，不同类型的公司对于法务着装的要求还是不一样的。比如，在金融类、房地产类的公司，通常对员工的着装要求会更严格一些，法务人员一般都是西装革履的（如万达地产、鹏润地产等），但如果是在互联网公司，可能你穿着套头衫、牛仔裤、运动鞋就可以了（甚至有人穿一身运动装去上班）。互联网公司对着装的要求没有那么严格，大概是从硅谷那边学过来的风格。不管怎么说，在互联网公司，法务如此装束，更容易与业务人员如“攻城狮”（工程师）、“程序猿”（程序员）融合在一起。当然，也不能太随意，有一次我看到一个女同事，可能是在公司内部的健身房刚锻炼完没换衣服，穿着紧身的瑜伽衣裤就工作来了。这样做挺不专业的，这明显跟法务的气质不搭。她可能觉得自己比较性感，但是我内心确实很想感性地告诉她这样真的好不专业。

如果你是影视公司的法务，因为整个公司的氛围一般是比较轻松的，假如你穿得西装革履，反而显得过于正式和拘谨，可能跟公司整体的文化氛围不太搭，不知道的还以为你是律所过来办事的律师呢。所以，在不至于太随意的情况下，可以有一点时尚范儿，比如说搭配丝巾、时尚腕表以及其他一些饰品，既显示出专业性，又透露出时尚的气质。当然，你也可以留意你的领导是什么样的着装，然后保持跟他差不多的风格，这也会天然地拉近你们之间的距离。

如果你是国企的法务，因为国企员工的衣着通常是比较正式的，你也可以同样瞄准你身边的领导和同事，与他们的着装风格大体保持一致。比如，一般男性员工可能穿个夹克衫，里面穿白衬衫，脚踏黑皮鞋。领导怎么穿，你就怎么穿，这样肯定就不容易犯错。

我个人觉得作为一般公司的法务，如果公司对着装没有特殊要求，自己平时应该尽量穿得稍微正式一些，比如说可以穿休闲西装。即使你是互联网公司的法务，穿休闲西装也是没有问题的，这会对你的专业性有一定的外在辅助作用。总而言之，衣着要体现出整洁、清爽、干练的职业形象。

2. 胡子、刺青与香水

除了着装上的要求，法务平时还要注意一些仪表上的要求。当然，并不是说你必须要有颜值、有高度、有身材，但最起码要有点基本的职业素养，比如男士头发不要留得跟唱摇滚的似的，或是染上乱七八糟的颜色，打着耳钉、鼻钉，身上文着刺青，项间坠着大金链子，这些都不适宜。同时，男性法务也不要留胡子。有的人胡子留得比张飞的还壮观，充分展现了自己蓬勃的雄性荷尔蒙，跟原始人似的，让人视觉过敏。还有的男性法务故意留着胡楂子，青兮兮的给人感觉也不好。

法务身上也不要有什么明显的文身。此处举一个例子，当年我被外派到新加坡某四大会计师事务所工作的时候，有一次新加坡国税局过来检查工作。新加坡的公务员非常干练、职业、风纪严明，我给他们水，他们都不喝。在接待他们的时候，我看到其中有一个特别漂亮的税务局女官员，作风凌厉，给我的印象很深刻（我见她时甚至有些慌张）。然而，在她俯身查阅资料的时候，我眼尖的女上司发现她胸口赫然文着一枝红色玫瑰。后来，女上司跟我说，这种刺青在四大来讲就是特别不专业的表现。我也觉得对公务员来说，有文身是很不好的。我曾经在某影视类公司工作，有位业务同事花了几十万元、耗费几年时间将全身都文上了特别漂亮的刺青。当然，视觉上也很恐怖——某次我们一起泡温泉时吓到了不少人。法务人员就不要这样有个性了。

关于面容，还有些方面需要注意：有的人不太修理自己的鼻毛，任其疯长。疯长也就罢了，有时候鼻毛上面还脏兮兮的，就像山洞里长出若干棵茂盛的横生树，横生树上还挂着几只“猴子”，非常突兀，让人顿生嫌恶。有的女同事喜欢在身上喷一些香水。个人觉得可以选择那些质量好一点的、散发淡淡清香的香水，让人嗅之心旷神怡。千万不要喷那种气味浓烈、熏人于千里之外的香水。

最后，推荐大家阅读中国人民大学金正昆教授的“礼仪金说系列”（《礼仪金说》，金正昆著，北京联合出版公司 2019 年第 2 版）。同时，腾讯视频、B 站等视频平台上也有金正昆教授的节目，大家可以利用碎片化时间自行学习。

第二章

法务生涯面面观

一、你离法务有多远

1. 认识你自己

西方哲人苏格拉底曾说："认识你自己。"但实际上，我们真的很了解自己吗？再具体一些，你知道自己是否真的适合从事法务工作吗？

怎么判断自己是否适合做法务呢？我认为其实还是要看法务职业的特点与自己的性格特质、人际关系处理能力、对生活和工作的期望到底能不能匹配。如果很匹配的话，从事法务工作对你来说自然是一个很好的职业发展机会，否则就可能成为一段痛苦职场经历的开始。

1）性格特质

个人认为，性格特别直甚至可以说是古怪的朋友可能还真不太适合做法务。因为法务大部分时间其实是在与他人打交道，比如在公司内部需要与公司领导、同事打交道，在公司外部需要与司法机关、政府机关、中介机构、媒体以及其他当事人等打交道。如果性格很直甚至很倔强，为了更好地处理人际关系，你就需要做出很大的改变。当然，说起来容易改起来难，毕竟江山易改，禀性难移。

举个例子，我有一位法务朋友曾跟我说，她有一位男下属，专业出身不错（本科、研究生均出自五院四系[①]），专业能力尚可，但就是脾气非常

---

① "五院四系"，是中华人民共和国建立的五所政法院校以及四所大学的法律系的简称，这几所高校的法律学科在中国法学教育界具有重要地位，对中国法制发展与法治建设具有重大影响。在高等学校招生考试和研究生招生考试中，五院四系报考人数较多，是人文社会科学领域的名校。"五院"即原北京政法学院（现中国政法大学）、原西南政法学院（现西南政法大学）、原西北政法学院（现西北政法大学）、原中南政法学院（现中南财经政法大学）、原华东政法学院（现华东政法大学）。"四系"即北京大学法律系（现北京大学法学院）、中国人民大学法律系（现中国人民大学法学院）、吉林大学法律系（现吉林大学法学院）、武汉大学法律系（现武汉大学法学院），"四系"现在均已改为法学院，成为所在大学的重量级学院。

古怪，难以相处。他跟业务同事经常没法正常沟通，怼起人来更是家常便饭。但毕竟是她的下属，所以每次在他跟业务同事发生了争吵之后，还得她去调解。不仅业务人员不喜欢他，甚至公司领导也不喜欢他。有一天晚上，夜幕降临，很多同事都下班了，只剩下公司领导和几位法务同事在加班。不知道他又因为什么事情惹恼了领导，领导站起来当着其他人的面指着他说：“×××，我对你的工作非常不满意！”他不仅是性格比较古怪，还总跟我的朋友对着干。刚开始我的朋友还是很克制的，尽力容忍他（毕竟都是同事，都是成年人，给他点面子）。后来，她发现他有点肆无忌惮、蹬鼻子上脸，就狠狠地训斥了他一顿。说来也奇怪，自打那一次训斥之后，他老实了许多。后来，他自忖在这里继续工作意义不大，于是离职了。离职当天，我的朋友帮他拎着他的一些东西一直送到楼下，还给他放到出租车里。后来没多久，她却发现他把自己的微信拉黑了，令她哭笑不得。直到几个月后的某一天，她因为要招聘下属，于是借用HR在招聘网站的用户名和密码登录招聘网站浏览候选人简历，偶然发现了他的简历。此时，我的朋友发现他在离职后已经换了两份工作。

2）人际关系处理能力

如果你不是一个比较会处理人际关系或者是不愿意花时间甚至逃避处理人际关系的人，选择法务工作对你来说可能也是一个问题。因为法务在平时工作中其实需要花大部分的时间和精力来处理内部和外部的各种关系，真正能用到专业上的时间可能也就百分之三四十的样子。如果你不擅于处理人际关系，会给自己带来很多麻烦。

举一个小例子。我有一个法务朋友曾跟我说，他有一个前下属在人际关系处理能力上面就有些欠缺，这可能跟人的一些基本的特质有关系，比如感恩、同理心等。他一直在栽培、提拔、培养这个下属，甚至最后他的下属想离职去某家公司工作，他还找人帮助推荐面试（最后他的下属顺利入职了该公司）。他自己一般每到过节或领导的生日都会主动给领导发送祝福微信或短信，但是他发现逢年过节，他的那个下属从来没有给他发一个微信问候或祝福一下。相比之下，他的另外一个已离职的下属每次都会发祝福微信给他。

3）法务职业与你对生活和工作的期望是否匹配

如果你发现自己所期望达到的生活和工作的标准或水平与法务这个职业所能够提供的不符，你就要慎重考虑了。我们下面将举一些例子来具体说明这个事情。

如果你事业心一般，将来结婚生子，希望投入较多的精力照顾家庭和孩子，相比较而言，做法务或做公务员还是比较合适的。法务这个职业天生对事业上没有什么野心的人比较友好。反之，如果选择做法务，可能等到了四十来岁的时候，除非你遇到了一个很好的公司并且有比较好的晋升机会，否则向上发展及收入涨幅的空间不大。

如果你的家庭条件一般，且背负着较大的经济压力（在北上广深这种一线城市，光是买房一项，就令很多家庭条件一般的朋友望而却步了）。如果你想在短期内积累较多收入，那么恐怕做法务会让你失望（不难理解，这些年为什么那么多优秀或不那么优秀的毕业生争先恐后地挤进了金融行业），毕竟法务的收入水平整体来说只是中等。

如果你出自公务员家庭，或者你想在公务员的队伍里大展身手，那么法务工作肯定没那么有吸引力。因为在很多人看来，公务员还是比较有社会地位的，也是比较受人尊重的。我身边的一些朋友，尤其是北方的朋友还是更优先选择做公务员。

如果你不愿意过每天上下班打卡的生活，法务这个职业可能不适合你。毕竟在绝大部分公司里，员工是需要打卡的（法务也不例外）[①]，他们每天必须按时上班（不一定能按时下班），很多时候还需要加班。从这点来看，法务确实是不太自由的。如果你想过更自由一些的生活，那么做律师更适

---

① 有的公司号称“逆向打卡”，就是不打卡的意思。实际上，别以为 HR 不知道你打没打卡，也别以为领导不关注你是否打卡。

合你。当然，如果你想要在收入、工作和生活这几点之间取得一个平衡，法务仍然是一个比较不错的职业。但是也不要抱有一些幻想，比如你觉得法务的工作类似于公务员的工作，相对清闲，然后收入还可以。要知道，这并不绝对，收入可不可以要看所处平台，我所看到的身边大部分法务朋友的工作和生活是可以平衡的，但如果你身在比较繁忙的行业和公司（如游戏行业、互联网公司等），那么你肯定也清闲不了。

对一些比较想过相对平衡一点生活的朋友来说，在选公司的时候请一定要多方打听这个公司平时的工作强度和加班情况，包括面试的时候也与用人单位尽量沟通清楚。因为如果工作特别忙，对一些单身的朋友就不太友好了，很可能忙到你都没时间去好好找对象。举个例子，我在某公司的一位法务女同事，人比较漂亮也很优秀，工作能力也很强，但因为工作繁忙，平时下班都至少是晚上八九点钟了，周末可能还要去加班，根本没有更多的个人生活。

4）法务所在公司的办公地点

在一线城市，一般通勤的时间是很长的。[①] 如果公司距离你家单程需要一个多小时的通勤时间，那么你每天在路上的时间就要两个多小时，有的甚至接近三个小时。长此以往，对家庭关系、生活品质等方面的影响还是非常大的（我所知道的一家位于北京的某知名 TMT[②] 公司在搬到比较偏僻的西北旺软件园后，很多法务离职了）。我有一段时间工作地点离家就特别远，每天通勤时间接近三个小时，这种生活我过了将近六年。现在回想起来每天早上挤地铁的一幕我都心有余悸，因为在我家附近的地铁站上车的人特别多，经常是第一趟根本挤不上去，要想挤上第二趟地铁往往还需要下盘扎实、脚下生风、大力助跑或是旁边的车站助理向车门内一记“双推手”或“虎扑”，猛推我一把。有一次非常尴尬，由于单位空间内人员

---

① 根据中国城市规划设计院发布的报告，北京的平均单程通勤时间为 47 分钟，距离为 11.1 公里，是中国唯一平均单程通勤时间超过 45 分钟的城市。

② TMT，即科技（technology）、媒体（media）和通信（telecom）三个英文单词的首字母。

密度太大，大家挤得十分生猛。我有一阵感觉已经被挤到双脚微微离地了，顿感不妙。突然，地铁列车猛地刹车，“呼通”一声倒下一片，把我埋在了里面。我狼狈不堪地爬出来后发现衣服扣子都给挤丢了。很多公司为了节约成本，都会选择距离市中心比较远的办公地点。作为过来人，我再苦口婆心地告诫大家一句，如果你的住所与公司所在地不在一个地理区域，那就要充分考虑到通勤时间的因素，不得不说，通勤时间过长还是很影响生活质量的。

5）对同事的要求

有人曾说，同行的人比要去的远方更重要。如果你对周围一起工作的同事有较高的期望或要求，那么你在选择平台的时候也要注意了。因为在不同类型的公司，身边同事的素质和水平也不同，比如零售业员工一般大专学历较多，如果是TMT类型的公司，一般情况下员工的学历水平都是大学本科以上。这里我并没有学历歧视，而是客观地告诉大家，如果你与身边的同事素质和水平差距较大，虽然不至于是“夏虫不可语冰”，但要想融入公司和团队确实有客观的困难，可能会比较痛苦。

6）选择行业时务必要慎重

打个比方，你身在一个三线或四线的城市，在当地像你所选择的这种类型的公司可能只有两三家，甚至举个极端的例子，可能就一家。极少人会在一个单位里工作一辈子，这种情况下，哪天你离职之后再去选公司就面临着困难，因为你可能需要跨行。即使下一份工作的雇主不太在意你以往的工作背景并非本行业，你也需要花很大精力去适应一个新的行业并学习各方面新的知识。所以，我建议你从职业选择一开始就先锚定一个行业，然后去选公司，这样你可以在这个行业里一直深耕和积累下去。

2. 离法务更近一点

接下来，我们讲一下通过什么途径可以成为法务，下面先说一下几个通常的途径和方法。

1）大学毕业生

如果你是法学专业在校大学生，并且面临着一些择业上的困惑，那么除了看我前文推荐的一些思路和方法，我建议你在实习的时候创造机会多去体验法务、法官、公务员、律师这些工作，以利于将来做出更适合自己的职业选择。即使是有做法务的实习机会，我也建议你不止在一家公司实习，尽量多感受一下不同的公司文化、氛围和做事方式。

那么，怎么去找这些实习的机会呢？你可以考虑一下身边老师、师兄师姐（尤其是同门资源）、同学、亲友的资源，请他们帮你推荐一些实习的机会。有的在校大学生朋友性格比较内向，平时“一心只读圣贤书”，不善于交际（其实“一心只读圣贤书”只是给自己逃避与外界接触找一个正当理由罢了），长此以往，会越来越封闭。我建议这些大学生朋友平时为人多活络一点，多创造自己跟大家相处的机会，让大家充分认识你，然后说出你自己的这种想法和需求，请他们帮忙。大多数人都不会拒绝你的请求。我现在还记得我读研究生时的第一份实习机会（法务）就是同班同学推荐的。

即使是熟人推荐，你也要花精力准备好自己的简历。毕竟简历是用人单位对你的第一印象，能体现出你的专业度和对事情的认真程度，不可不重视。简历和简历之间其实差别很大。现在很多大学生都花钱找专业的人去设计简历（其实不只是实习生，很多律师也会专门找人设计自己的简介和海报），有的我认为设计得也很漂亮，令人眼前一亮。如果要自己做简历，我曾经看到一本专门介绍如何做中英文简历的书①，里面的内容和版式设计即使拿到现在也丝毫不过时，可供各位朋友参考。

以前我也带过不少实习生，我建议大家在实习的过程中还是要尽全力去付出，不要搞蜻蜓点水式的实习来刷简历，这样做意义不大。你要把这份实习工作当作你未来会从事的一个职业去做，以一个正式员工的心态去

---

① 参见北京纽哈斯国际教育咨询有限公司编著：《HiAll 求职快车：简历篇》，群言出版社 2005 年版。

做实习的事情，也不要计较实习工资有多少、上不上保险等等。因为实习最关键的目的是体验法务生活，看自己到底适不适合做法务。有一次，在我单位实习的某著名高校的实习生问我下属，为防止公司安排她外出办事时出现意外，是不是公司事先给她上个保险比较好。我听完下属跟我复述后很诧异，心说我给你雇个保镖得了，再加上这位实习生平时工作也很不认真，就交代下属跟她说明天不用来了。这位实习生也是真逗，明明做事很不用心，还经常打听实习期截止后是否可以留用，令人很无语。

2）社会在职人员

如果你是一位社会在职人员，已经毕业踏入社会且从事过别的行业，现在是要转型去做法务，那我们分为以下几种情况分别叙述一下：

如果你原来是律师，那么你就要考虑好自己以后的收入水平可能没有做律师的时候多，你还要习惯以后上下班打卡的生活以及后续更多的人际关系处理工作。这些都是律师转型法务所需要面对的。作为律师，如果想要转型做法务，其实有很多机会，很多猎头也会联系你，但是我看到的律师转型做法务的更多的是律师的客户因为对律师的能力比较认可，在团队扩张或有职位空缺时想到了该律师并将其招到麾下。毕竟相较于社会招聘，公司合作过的律师更了解公司，工作更容易上手，所以很多律师朋友摇身一变就成了客户公司的法务。

目前，法官转型成为法务的例子也很多。据我所知，在北京这方面的例子就不少，我原来身边有一些法务同事就曾在基层法院、中级法院做过法官。法官去做法务还是比较对口的。很多法官做法务后从事争议解决（诉讼、仲裁）的工作，这对他们来说得心应手。但如果涉及其他工作，比如起草、审核合同，他们就需要重新学习一下，因为他们以前没有做过合同类的具体工作。但是毕竟法官有扎实的法律功底和丰富的审判经验，尤其是对那些以前处理过民商事案件的法官来说，可以借鉴以前处理的案件中发生的风险点去思考合同中可能存在哪些问题。我身边从法官转型去做法务的朋友做得还都不错。我在某公司时法务部门的负责人就是在他四十岁的时候选择改变赛道，从某一线城市基层法院知识产权庭庭长的位置上离职到公司去做法务的。他的转型适逢其时，充分享受到了公司高速发展的红利。

如果你原来是公务员，那就可能面临着你以前做的事情跟做法务毫不相干的情况。你要重新学起，尤其是专业的知识，这个需要一定时间去磨炼。因此，你必须有一定的心理准备。坦率地讲，我身边目前还没有公务员转型做企业法务的例子，倒是有不少公务员转型做律师的例子。

以下讲一下社会在职人员寻找法务工作的途径，一般有两种：

第一，在招聘网站上发布简历、投递简历。你可以在一些大型的招聘网站上，如 51Job、智联招聘、猎聘网等，填写个人信息，并上传自己的简历。有些招聘网站上还有一些增值的项目，比如说你多交一点费用，他们就会把你的简历置顶，从而提高简历的曝光度，这个确实还比较有用。现在是移动互联时代，你可以在手机应用商店里下载相关招聘网站的 App，便于日常浏览职位、修改简历、投递心仪的职位等。把简历放到招聘网站上之后，一些猎头会主动与你联系。如果你不方便接电话（在工作环境中接猎头电话是比较尴尬的，有时手机听筒声音大点附近的同事都能听到），可以告诉猎头目前不方便通电话，可以加微信，具体在微信上谈。猎头也分为靠谱的猎头和不靠谱的猎头。那么，怎么去识别猎头？怎么去跟他们沟通？怎么能更有效率地找到靠谱的职位呢？我们后面还要谈到，此处先一笔带过。

第二，朋友、熟人推荐。作为社会在职人员，我的建议是除了猎头这个渠道之外，你可以考虑通过朋友、熟人推荐的方式加入一家公司做法务。毕竟你已经踏入社会，过往还是积累了一些人脉资源的，如果过了三十五岁之后还过分依赖通过猎头去找工作，这说明你自己之前的人脉积累是有欠缺的，至少是你并没有有效盘活你的人脉。作为职场人士，如果你想要跳槽，那么你平时所结交的一些人脉资源可能比你想象的更为重要。比如，我曾推荐一位下属去了一家老牌互联网公司面试，后来他成功入职。然后，他在那家互联网公司工作期间因为出庭的缘故结识了某互联网巨头的法务人员，后来该法务人员基于对他的认可，就把他推荐到该互联网巨头的法务部工作了。

3. 法务的“敲门砖”

接下来，我们谈一下从事法务工作对候选人一些硬件上的要求。

1）学历上的要求

一般来说，较好的用人单位倾向于要出身名校、学历较高的候选人（当然这并不绝对，互联网公司的用人标准就挺不拘一格的）。比如，你可以去浏览一下市面上主流的招聘网站，去看看那些比较好的公司的用人标准，你会发现这些公司一般倾向于要毕业于“985”“211”高校的毕业生（现在可能更倾向于“双一流”的提法），有的可能还要求硕士学位。有的朋友会问，我如果是博士学位行不行？我个人认为，也不是不可以。但是，在博士读完了之后，大部分人年纪就比较大了，这时作为应届生进入公司做法务，用人单位未必愿意要。因为可能你比领导的年纪都大，领导怎么好意思去带你呢？你自己也会觉得不方便。所以，博士毕业生去做法务，还是有一些 over qualified（资格过高）。

2）专业资质的要求

国家统一法律职业资格考试（简称法考）。很久以前，大部分公司是不要求法务候选人通过法考的。但是这些年法学专业毕业生就业压力大，导致用人单位要求越来越严格了，一些比较好的公司还是硬性要求候选人得通过法考。当然，作为经历了至少四年正规法学教育的青年才俊们，如果你们不能通过法考，拿什么向用人单位证明你的学习能力和专业能力呢？我以前有位法务同事，一直对参加法考有些抵触。我劝他说，考过法考是为你自己留一条后路，如果将来你不想继续做法务，至少还可以去做律师啊。他后来听了我的建议，辛苦努力两年后终于顺利通过了法考，令我也倍感振奋。考试成绩发布之后，他还特意请我吃饭表示感谢。

以前，还有一个企业法律顾问执业资格考试。十多年前，我还曾经报考并顺利通过且取得了执业证，但我并未在国企工作过，因此并无用处，当时只当是顺带学习了一些企业管理知识。企业法律顾问执业资格考试实行以两年为一个周期的考试成绩管理办法，考试共有 4 门课程：综合法律知识、经济与民商法律知识、企业管理知识、企业法律顾问实务。通过全部科目，你会得到由人力资源和社会保障部统一印制的，人力资源和社会保障部、国有资产管理委员会、司法部用印的《企业法律顾问执业资格证书》，该证书在全国范围内有效。2014 年 8 月，国务院印发《关于取消和调整一批行政审批项目等事项的决定》，将企业法律顾问这项职业资格考试取消。既然这个职业资格考试已经取消了，大家就不必纠结它的重要性了。坦率地说，它的含金量和专业的深度肯定是远远不如法考的。

我最早是在某四大会计师事务所工作的，因此身边很多朋友经常问我做法务如果通过 CPA（注册会计师）考试是不是会锦上添花。我个人认为不需要，因为法务工作很少会涉及财务知识。对于在四大会计师事务所从事审计工作的朋友当然必须过 CPA，因为过不了 CPA 你就成不了签字的注册会计师，这个影响还是很大的。但是如果作为一个律师或企业法务，即使通过了 CPA 考试也说明不了太多问题，可能只说明你的学习能力强、记忆能力强、对财务方面比较了解一点，实际意义不大。对那些想要学习财务知识的法务朋友，我想说其实对法务来说，又不需要你去做账、审计或去做税务筹划，只要能看懂财务报表就可以了。下面推荐两本财务报表分析相关的入门书，供大家参考：《财报就像一本故事书》（刘顺仁著，山西人民出版社 2007 年版）、《财务报表解读：教你快速学会分析一家公司》（续芹著，机械工业出版社 2018 年版）。如果你再想系统学习一下，我推荐微淼商学院的财报分析技能课程，讲解浅明易懂，生动有趣，不过需要付费。

证书（包含学历证书）从某种意义上讲只是敲门砖而已。敲开门之后，用处就不大了（后续实践和经验更为重要），但总有一些朋友在收集敲门砖的过程中迷失了自己，陷入“考证万能论”的怪圈中而不能自拔。他们把敲门砖当作所敲的门，或者说当成了门后的房子，最终却发现手里有一大把证书，却仍没有过上自己想要的生活。在十多年前，在一个国内比较知名的论坛里，我结识了一个年纪较大的大哥。他说自己是西部一个小城的人，本人特别爱学习，热衷于挑战国内难度较高的资格考试，他先后通过了法考、注册会计师考试、注册税务师考试（那时注册税务师资格考试尚未取消）。三证在手，他在论坛中睥睨群雄，受万众敬仰，但他却一直在感叹自己并没有找到理想中的工作，生活仍是一团糟。

3）英语水平的要求

一般外企或跨国公司对法务的英语水平要求较高。在外企，英语好是必需的，如果你的英语一塌糊涂或者是哑巴英语，那么你跟国外的同事、领导、客户之间基本上是没法正常沟通的。那么，即使这家外企不辞退你，你也迟早会崩溃的。

像我们这些从小城镇里奋斗出来的青年，基本上英语底子都比较薄弱。相比较而言，现在“90后”“00后”的孩子英语水平要更好一些。我们那个时候主要就是应试英语，我大一的时候过了大学英语四级，大二的时候过了大学英语六级且分数都比较高，然后雅思打了6.5分（口语吃亏了），研究生考试英语成绩也70多分，但是我发现自己依然是哑巴英语。尤其是在我到某四大会计师事务所工作之后，处理英文文件对我来说还是有些吃力的。后来，公司把我外派到新加坡工作，因为当地工作语言是英文，我一度压力特别大（如同印度英语，新加坡当地英文口音也比较有地方特色，我刚开始去的时候十分不适应，听力信心备受摧残）。后来，我到了外企去做法务工作的时候，发现我在跟美国上司沟通的时候遇到了很多障碍，以至于我不得不把我想说的事情先用英文起草好，然后再跟他汇报工作，以免因为紧张和英文水平欠缺导致重要问题有所遗漏。后来他还上瘾了，因为据说我离职后他仍然让接替我的法务沿用这种汇报方式。

为了克服英语水平不足给工作带来的麻烦，我当时从三个方面来解决这个问题：

第一，为了提升商务邮件写作能力，我买了相关书籍，并且经常揣摩国外领导邮件中的表达，最后起码在邮件沟通上问题不大了。有的朋友会说，发个邮件还不简单吗 ?! 那是你不了解商务邮件的风格。英文商务邮件没有以前上学时英文作文中的那些套路，行文讲求简洁明了，如果你给领导或同事写一篇英文作文似的文章，人家看到之后会崩溃的。在这里，我推荐一本比较实用的商务邮件写作书（我看一些律师案头上也放着这本书）——《商务电子邮件写作大全 + 英语表达句典》（［韩］景凯文著，凌恩英译，北京语言大学出版社 2011 年版）。

第二，为了解决商务英语口语表达问题，我当时咬紧牙关、勒紧裤腰带报了“华尔街英语”，还上了一年多的课。虽然当时上课占用了我很多业余时间，但是对我口语表达提升的效果还是很明显的，并且借此机会结识了不少优秀的人。我认识一位华尔街英语的女同学，她本科毕业于北京大学法学院，研究生毕业于美国名校。为了保持自己的英文水平不衰退，她平时不管有多忙，甚至出差刚下飞机回到北京，也会马上驱车赶往华尔街英语进行学习，实在是我的楷模。

第三，最重要的是，为了解决法律英语的问题，我还报了“万法通”的法律英语培训班。我不仅参加线下培训，还买了一大堆教材，为了保存线上课程还专门买了个 iPad mini 存储（基本上没拿这个平板干过别的事情）。

虽说如此，但因为大家在工作之后一般都很忙，坦率地说，每天真正能用来学习的时间还是比较少的，所以如果你想要去外企做法务，最好本来英语水平就比较高。如果你在国外名校读一个 LLM（法律硕士）或者 JD（法律博士），当然不是那种在国外混日子的留学，是有真才实学的那种，再去外企应聘应该是比较受欢迎的。如果不是这样，要想过职场英文这关，你就需要付出很大的精力和毅力去学习，甚至是需要经历很多痛苦的磨炼。毕竟任何一个企业招聘都是希望你马上就能上手干活的，而不是找你拿它们练手的。

如果你不在外企从事法务工作，上述学习计划对你来说其实用处就不大了，因为没有这个需要。比如，你是在国内的公司工作，即使是一个跨国公司，如华为、联想这种跨国公司，如果你从事的不是涉外相关法律事务，英语水平能够做到一般沟通交流、能陪孩子看英文版的《小猪佩奇》就足够了。

4）掌握办公软件的要求

我相信大家在上学的时候，就已经对 Office 系列软件（不管是微软的 Office 还是金山的 Office）很熟悉了，但其实在日常工作中，我们会发现很多法务朋友或同事，对 Office 三件套的掌握并不够深入。比如，他们做的 Excel 表看起来像没有装修过的房子一样简陋不堪，Word 或 PPT 的排版也让人不忍直视。很显然，这说明他们在 Office 系列办公软件方面的基础还是很薄弱的。其实 Excel、Word 中一些快捷键的使用以及 PPT 排版的一些技巧一定要充分掌握，就是这些细节提升了你的职业形象，拉开了你与其他法务的距离。

为了提升办公软件运用水平，除了市面上众多的 Office 系列培训教材，你也可以利用网上的课程进行碎片化学习。比如，我自己就在"插座"App 上购买了相关课程，利用零散时间进行学习。你也可以去网上搜搜看世界上著名的咨询公司，如麦肯锡的 PPT 模板，看自己的 PPT 排版与人家的有什么差距。另外，推荐一本比较有针对性的书：《年轻律师执业入门：巧用 Word、Excel 轻松处理法律事务》（陈晓峰著，电子工业出版社 2020 年版）。作者与我一样，原是法务，后做律师，书中很多内容对法务实务工作同样比较有指导意义。

二、法务职业与选择行业、公司及领导

1. 男女都怕入错行

在行业选择上，最重要的是要了解国家对这个行业的态度。这方面可以自己去百度相关资讯或去主管行政机关的网站上查询。例如，国家目前

大力支持芯片行业发展，而你如果能进入这个行业中排名靠前或发展潜力巨大的公司，那么对你的职业生涯发展就是极为有利的。反之，目前国家已经全面禁止与虚拟货币结算和提供交易者信息有关的服务[①]，从事非法金融活动甚至将被追究刑事责任，这个时候你哭着喊着非得进入这个行业，明显就是逆潮流而动啊。

除了在网上去浏览相关行业新闻，研究相关的产业政策，其实我们还可以借助一些较为有效和快捷的工具。比如说，我们可以借助券商研究员现成的行业研究成果。券商研究员对行业的研究通常是较为持续、深入和专业的。我们可以去“慧博投研资讯”网站（图 2–1）（手机应用商店也可下载“慧博投资分析”App；官方网址为 http://www.hibor.com.cn/），该网站汇聚了各大券商研究员的众多研究成果，而且是免费的。大家可以去搜索相关的行业研究材料，然后据此来判断这个行业的情况及趋势。其中，那些页数较多的“深度”研究报告尤其值得我们关注。

图 2–1 “慧博投研资讯”网站截图

---

① 参见《中国全面禁止虚拟货币交易》，https://www.ndrc.gov.cn/fggz/gjhz/zywj/202109/t20210927_1297844_ext.html。

行业真的这么重要吗？给大家举一个我自己的例子（反面例子）。多年以前，我曾在某世界五百强的美资零售企业做法务助理。这家企业虽然不能说属于夕阳行业（毕竟同行业的像沃尔玛这种巨头当时甚至是现在还是如日中天的），但是我所在的这家巨头在进入中国市场后因为收购中的一些遗留问题以及运营上的失误导致业务逐渐萎缩，举步维艰，身在其中的我也经历了很多困难甚至说是磨难。[①]现在回想起来，在行业选择之初，其实完全是可以避免的，只是以我当时的认知水平根本没有这个意识。多年之后，我跟一位资深的猎头朋友恰巧谈起这家公司，她说这家公司曾经想挖她过去做 HR，她之所以没去是因为她并不看好传统零售行业，因为利润率太低（通常都是百分之几）。尽管当时这家公司的 HR 领导还忽悠她说，公司打算把中国总部搬到盘古大厦去（表示公司不差钱且发展前景看好），但她认为这种低毛利的行业最好还是不要碰——行业毛利本身就低，能拿出多少钱来给员工发工资、搞福利呢？所以她直接拒绝了面试邀请。我听后长叹一声，深以为然，当初的自己还是太单纯了。

再举一个正面例子。我有一个师弟，他在 2008 年金融危机之后毕业，刚好赶上那个时候信托行业开始火起来，因缘际会他进入了信托行业做法务，后来他又主动从后台法务转到了前台业务（我跟他开玩笑说，估计他是看前台业务赚钱眼红了）。因为那几年信托行业发展迅猛[②]，所以他个人也得到了很大的成长和提升，当然薪水奖金也不少，刚毕业没几年就靠自己在北京买了房子、车子，就连他结婚时发的喜糖都非常上档次。

还有一个相关例子。我以前听国内某著名咨询公司的老师讲，他们曾经拜访过一位某知名化工行业上市公司的民营企业家，他是这家公司

① 关于这段传奇且令人印象深刻的职场经历，感兴趣的朋友可以去看我的微信公众号“辉哥说法”的系列短篇小说，里面的讲解比较真实、形象、生动。

② 近几年信托行业发展艰难、哀鸿遍野，当然，这是另外一码事了。至少，我这位师弟在工作之初就已经给自己打下了良好的资金基础。

的创始人。他们这个细分行业利润率其实很低，之所以这家公司发展得不错，相当程度上是依赖于这位企业家出众的管理能力。这位老师特别感慨，他们觉得以这位企业家的管理能力和聪明才智，如果不在这个行业，而是在一个利润率较高的非常朝阳的行业，那肯定又是一番格局和气象了。

2. 好公司在哪里

谁不想去好公司呢？那么，什么样的公司才算得上是好公司呢？我认为一个好公司主要有以下两点标准：

第一，这家公司在所属行业中一定是名列前茅或发展潜力巨大。

任何一个行业都有排名前几名的公司，但我们怎么去看呢？我发现无论哪个行业，其实基本上做得最好的就是已上市的那几家公司。打个比方，比如互联网公司，肯定是头部那几家上市公司做得最好，如大家都知道的互联网大厂阿里巴巴、腾讯、京东等；再如，国内调味品公司中目前肯定是上市公司“海天味业”做得比较好。当然，除了上市公司，还有一些独角兽类型的公司，如果你在它发展壮大的早期进入了，并且一直伴随它成长，如果它最终成功了，成为一家巨头，这个时候你所获得的回报是相当巨大的（从某种角度，择业是一种最重要的投资）。比如，字节跳动虽未上市，但是已经成长为让阿里巴巴、腾讯等一众巨头忌惮的业内新巨头，而字节跳动原来的法务负责人就是抓住了个人与公司共同成长的很好的机会，实现了个人事业上的跃升。

第二，这家公司的发展趋势持续向好（至少近三年它的主要经营指标都是持续向好的）。如果它是家国内上市公司，你可以去公开渠道（如该公司官网上的投资者频道、“巨潮资讯”网站，或者该公司所属的交易所官网）查它的财务数据，比如年报、半年报，其中也有管理层对公司未来发展的分析等重要信息。另外，你也可以去查一些分析师对该公司的分析。如果你将前后几年的财务数据进行比较，还是很容易发现这家公司的发展趋势的。

有的朋友可能会问了，如果我想去的公司并不是一家上市公司，而是一家普通的非上市公司，该怎么去辨别它到底好不好呢？因为如果是非上市公司，公司各种具体的财务数据信息肯定是你获取不到的，可能即使你去百度等搜索引擎上搜索也是言之寥寥，找不到特别有用的信息。这时候，我们怎么去分辨这家公司到底好不好呢？我们其实可以托人、托关系找到目前在这家公司或曾在这家公司工作的人，然后尽量多打听几个人，从员工对该公司的评价自然可以去了解这家公司（已离职员工的评价往往更中肯、更靠谱、更客观）。[①] 如果你费尽力气还是找不到上面所说的人来了解，那么可以找一个与这家公司主营业务最相类似的上市公司的信息来间接了解。因为上市公司很多重要信息的披露很全面，尤其是在上市公司的招股说明书里还会列举同行业其他相关公司的情况，基本上把这个行业的前世今生都说了一遍。我们就可以从这方面入手，没准还能找到你想去的这家公司的名字，顺带着深入了解这个行业的相关情况。

不靠谱的公司有以下几个特征（反之就是靠谱的公司），大家在选择公司的时候务必擦亮眼睛。

一是公司主营业务不符合国家的产业政策。对这一类的公司，国家在政策上是约束、限制和打压的状态。比如，从事 P2P 类互联网金融的公司；再如，现在国内从事虚拟货币交易的公司。另外，如果遇到那些属于高污染、高耗能的公司也要慎重考虑，如纸业公司、皮革公司等。

二是公司盈利能力比较低下。那么，如何判断公司的盈利能力呢？我们可以去看它的利润率，一般的话，如果毛利率在百分之二三十就算比较高的了。像一些医疗类公司，尤其是有些医疗器械类公司，其毛利率甚至曾经达到了百分之八十以上，比如说一些做心脏支架、骨科医疗器械的公

---

① 现在也有类似的手机 App 可以查询评价，比如“脉脉”等。

司。这样的利润率意味着什么？这意味着公司本身比较有钱，因此员工的各种薪酬福利一般都是比较好的。但是有些公司的利润率尤其是净利率是非常低的，可能只有个位数甚至为负，比如一些互联网视频公司因为商业模式的原因连年亏损，甚至频频传出裁员降薪的负面新闻。这种情况下，你就要谨慎选择这些公司作为雇主了。因为这些公司赚的无非就是辛苦钱，也不可能对员工特别大方。更糟糕的是，如果遇到国家经济形势或产业政策有风吹草动，在这类公司工作就非常麻烦和危险（“皮之不存，毛将焉附”）。

三是公司在走下坡路。要仔细观察这个公司发展的趋势，即使它现在发展得好并不代表它会一直保持这种势头。我们可以观察公司盈利能力的发展趋势，比如看它最近几年的净利率是否在稳步上升，是否存在对大客户的严重依赖（如果失去大客户很可能经营业绩会一落千丈），这都是比较大的风险。

四是公司没有核心竞争力。公司的核心竞争力是它的护城河，是竞争对手难以模仿的竞争优势。公司的核心竞争力一般包括以下几个方面：文化优势（企业文化，即使命、愿景、价值观，下面第五点会详述）、品牌优势（如苹果、宝马、奔驰就有很强的品牌优势）、独特资源（如独特的配方、工艺、地理位置、牌照、专利、渠道、矿产等）、效率优势（公司的运营效率高于竞争对手，如产品或服务的客户满意度高于竞争对手）、强网络效应（产品或服务用户越多越好）、高转换成本（用户更换其他产品或服务会增加高昂的成本，也就是说，客户背叛的代价较高，比如说时间成本高、金钱花费更多或遇到的麻烦更多等）。大家可以拿这几个维度去衡量一下你想要入职的公司。

五是公司的企业价值观、内部氛围与你的价值观及需求是否匹配。企业文化，如果文绉绉地说，指的就是使命、愿景、价值观，容易把人绕晕，我们举几个简单点的例子来说明一下。有的公司里企业文化是比较放得开的，或者说是没有底线的，长此以往，你肯定也待不住，然后自己就离职了。例如，有的公司就不太尊重员工的隐私，员工入职之后会经常有花样繁多的破冰游戏，有的做得非常过火、非常三俗，让很多员工尤其是女员工都相当不适应，以至于有的员工刚经历破冰游戏就提出辞职。前段时间，某互联网大厂就因被传出有这种不尊重人的破冰游戏传统而被广大网友口诛笔伐。

还有，公司对员工的关怀态度。比如说，有的公司不太注重对员工的关爱，比较狼性，如果你是一个比较喜欢愉悦或关爱氛围的人，可能这里激烈竞争的环境会让你感觉很不适应。因为如果公司文化比较狼性，可能会经常有一些不太关注员工感受甚至是尔虞我诈、互相倾轧的情况发生，所以这些一定要事先打听清楚。举一个正向的例子，曾经四大会计师事务所的某家传出一个新闻，一个审计员工去审计一家养猪场，因为地理位置偏僻、住宿条件欠佳、工作环境臭不堪言，该员工饱受其害，在网上吐槽并被广大网友火速围观。该事务所马上公开道歉，给该员工安排了好的酒店并给了休假补偿。这家事务所后续的所作所为就是关爱员工的表现。

3. 识别好领导

好领导既是遇到的，也是发现的，我们要在选择领导上发挥自己的主观能动性。一个好领导一般具备以下特征：

第一，识大局、顾大体、懂趋势。他能洞察国际国内形势、法律政策、行业、企业等因素，并能做出具有前瞻性的布局和调整。我所熟识的某TMT行业名企总法律顾问，他在中美贸易战还没有开始就已有预感，于是在进出口管制领域先做布局。由于他的先见之明，企业在后续发生的中美贸易战中赢得了先机，避免了经营上的巨大损失。反之，有的领导目光短浅，整天迷失在各种琐碎的事情上，自己还乐在其中、不能自拔，误人误己误公司。

第二，专业能力出众。专业是法务的立身之本。平时我们除了在工作中学习，如果有幸遇到专业能力强的领导，无疑会加速我们专业能力的成长，这对刚踏入职场的法务朋友尤为重要。如何判断领导是否专业能力强呢？看结果。比如，他能解决在你看起来属于疑难杂症的案件或项目，并且有自己一套独特的方法论。

第三，愿意管理下属，并在下属发展上投入时间和精力。

第四，人品过硬。领导的人品同样也很重要。如果你的领导是个心性善良、敢于担责、爱护下属、乐于培养下属的人，这是最好的领导了，实乃职场稀缺品，简直可遇而不可求。反之，有的领导工于心计、爱好钻营，丝毫不关心下属死活，有的甚至毫无节操与底线，这就不是好领导。例如，据说某公司的法务负责人有一个特别不好的习惯。因为这家公司迅猛成长，业务部门的老板经常加班到很晚才下班。法务负责人为了在业务领导那里装样子，每天陪着业务领导加班，其实他也没什么要紧事，很多时候就是磨洋工。但是他不下班，他的下属也不好意思走。后来，业务的领导干到半夜，他也半夜下班，他的下属也陪他半夜下班。关键是他们公司所处位置相当偏远，交通甚为不便，所以很多下属经受不住他这么折腾就纷纷离职了。

还有的领导掌控欲较强，很担心下属超过自己，琢磨人的本事胜于做事，就比较没意思。还有的领导喜欢把下属做事情的全部功劳都揽到自己身上，一旦下属工作中出了差错，就都归责于下属，让下属顶雷，最终把下属辞退或打入“冷宫”。

那怎么去了解领导到底好不好呢？你得在入职之前做好“尽职调查”，打探相关信息，而避免盲目地选择一份工作。

4. 那些坑儿有多少

对于社会在职人士，转型或从其他公司跳槽到一家公司做法务时，以下几点请注意：

有的公司尤其是民营企业，老板对公司法务的工作要求比较高（甚至对法务工作存在不切实际的期望[①]），又碰到了很多高难度的法务工作，现有法务团队无法胜任，或者现有法务负责人年龄尚轻、经验尚浅，无法担当。当然，也有可能这种难度的工作根本上就是个死结，无论换多有经验或多有能力的人来都没法解决。这种情况下，原有的法务或法务负责人可能会主动跟老板要求给自己招一个领导，其实这是他一种明哲保身的做法。他请老板招来一个领导，有两点意图：第一，为他顶雷；第二，展示给老板看，“你看，招来的比我经验丰富的领导都解决不了，那么你们也不要再为难我了”。在市面上，这样的公司、员工其实还不少，包括一些 HR 也喜欢这么操作。切记！

大家还要关注那种频繁更换法务负责人的公司。比如，有家曾经很知名的互联网公司，这些年几乎年年月月有猎头给我打电话推荐这家公司的法务负责人职位——这家公司的老板要求该是有多高，该是对法务有多不满意啊。这种公司，领导所要达到的期望，法务其实是很难做到的，很多实际上就是做不到的。然而，领导不会这样想，他只会认为这是法务的能力问题，最后法务顶不住压力就撤了，自然就空出来一个位置。而在这个位置上，也往往是整天炮火连天、如坐针毡，一般情况下你是坐不住的。

其实，市面上的法务候选人如果学历背景、工作年限都差不多，一般实践水平、工作能力的差距并不是很大。在这种情况下，公司如果频繁更换法务的负责人，甚至可能不到一年就换一个，则充分说明这家公司的法务工作是个很难啃的骨头，所以在遇到这种“机会”的时候，大家一定要学会分辨（当然，愿意挑战自己，喜欢啃硬骨头，以“我们面前没困难，困难面前是我们”为座右铭的法务朋友请随意）。

另外，当你面临一个令你心动的法务工作机会的时候，可以在网上查一下这家公司的工商信息（如用天眼查、企查查、启信宝等）及涉诉信息，

① 这些老板其实应该读读这本书，好好看看法务到底能解决哪些问题。

尤其关注这家公司的涉诉信息。从这些信息中你就能分辨、提炼出一些重要信息，比如这家公司目前面临的问题是哪些方面的，是劳动用工的问题，合同方面的问题，还是应收账款方面的问题。也可以用百度等搜索引擎去搜索相关资讯，还可以去一些论坛或手机 App 上看一些在职的或离职的员工对该企业的评价。

有时候，你也可以从该公司的竞争对手那边了解一些信息。从某种角度讲，竞争对手的评价反而更为客观。对同行业的公司，竞争对手会有更多的了解。如果你对拟入职公司通过各种方式进行了解后，还是所知甚少（可能是因为该公司不是很知名，公开信息也很少），那么，其实你可以提前去这家公司走一走，到公司附近看一看，找公司的员工聊一聊。即使随便搭一下讪，也会了解到一些很重要的信息。

此外，早在你面试的时候，如果有机会，你就可以加这家公司的 HR、法务或领导的微信，然后可以去看看他们的朋友圈，观察他们的工作和生活状态，从中得到一些有用的信息。我在每次参加面试的时候都会主动要求加 HR 或领导的微信，并真诚地表示希望可以跟对方学习，对方一般不会拒绝。

通过收集以上信息，我们就可以相对客观地去分析和评判这个机会是否靠谱，不至于脑子一热直接就拿了 offer 入职去了。

三、法务的分类

1. 全能 VS 专家

如果非要给法务分类，从工作内容是否全面的角度，我们可以分为综合性法务（全能型选手）和职能型法务（专家型选手）。

为什么这么分呢？其实跟公司的规模还是很有关系的。如果是规模较小的公司，比如员工也就几十人、百余人，或者是一两百人，那么极有可能法务人员就是个位数，最多也不会超过十个人。各方面的工作，基本上法务都要参与——商务谈判要参加，合同起草、审核合同也在做，投融资、并购、上市的事情全都参与，诉讼仲裁更是不在话下。尤其是国内一些民营企业家，一般也希望少招人、多做事（俗称：雇一个人，给两个人的钱，干三个人的活儿），不希望给更多的 head count（职位空缺）。这种情况下，领导恨不得法务是全能型选手，恨不得亲戚孩子找对象也让你做个尽调，自己投资理财被坑了也让你挽回损失。

但是，对一些发展较为成熟、完善的大公司，比如法务人员达到了十人以上甚至上百人（像一些互联网巨头公司，如阿里巴巴、腾讯、字节跳动等的法务规模都能达到几百人，人数堪比大型律所），在这种情况下，法务的工作肯定是有明确分工的，而且分工特别细致，基本上每个人只做比较狭窄的一块。例如，某互联网巨头集团法务部单单是做维权工作的法务就已经分工非常细致，由不同小组负责不同产品的维权。即使是同一维权小组，有的人是做诉讼的，有的人是做行政投诉的，还有的人是做侵权线索的监测的，所以说很不一样。以优酷视频、腾讯视频为例，据我所知，就连版权管理工作都有专人在负责，甚至在某 IT 名企法务部，有一个大姐专门管印章，每天的工作就是给各种文件盖章。

2. 不仅仅是姓名的问题

按照企业所有者的性质和投资来源两个维度，我们可以将企业分为国企、外企、民企。这是在国内法务圈很普遍的一种划分方法，因为在这三种类型的企业中工作，还是有一些差异的。

国有企业，简称国企。《国有企业境外投资财务管理办法》（财资〔2017〕24 号）第二条规定："本办法所称国有企业，是指国务院和地方人民政府分别代表国家履行出资人职责的国有独资企业、国有独资公司以及国有资本控股公司，包括中央和地方国有资产监督管理机构和其他部门所监管的企业本级及其逐级投资形成的企业。"按照国有资产管理权限划分，国有企业分为中央企业（由中央政府监督管理的国有企业）和地方企业（由地方政府监督管理的国有企业)。[①]

国企一般都以国有资产保值增值为核心目标。对很多国企领导、员工来说，他们最在意的是国有资产的安全，不要产生重大的风险，在此基础上才是怎么把业务做好，故此他们工作作风追求稳健。而对于那些不安现状的朋友来说，国企的工作未必适合。诚然，国企最大的优点就是稳定，除非你犯了重大错误，一般很少有像民营企业裁员的情况发生，这点在经济形势下行时尤为难能可贵。不过，世异时移，谁也说不准将来的情况。

再说外企。改革开放之后，一批外企进入中国，在中国设立了外商投资企业或代表处。外企到底好不好，得区分情况。有的外企在中国做得很好(如汽车行业的“BBA”[②]、特斯拉)，而有的外企在不断地挣扎，甚至因为在中国市场上水土不服而黯然退出(如谷歌、家得宝等)。这种情况下，就需要你对所谓的外企有更多的了解，因为并不是所有的外企都是一样的。比如说我就职过的某外企，虽然目前仍是世界500强的前100名，但是当初以收购方式进入中国市场后一直水土不服，最后只得关店裁员，悻悻离开了中国市场。

这些年，我们的民营企业也开始崛起了。民营企业现在是我们国家数量最多的企业形态。根据国家统计局发布的《中国统计年鉴2021》(图2-2)，截至2020年底，我国私人控股企业(民企)数量达到了2 390余万家，远高于国企、外企的数量。[③]民营企业吸纳了大量就业，其中既有默默无闻的兄弟店、夫妻店等，也有像华为、阿里巴巴、腾讯等这样闻名于世的民营企业。

---

① 实际上，国内关于“国有企业”的概念并不统一。另，根据《国家统计局关于对国有公司企业认定意见的函》(国统函〔2003〕44号)，国家统计局认为，国有企业有广义、狭义之分。广义的国有企业是指具有国家资本金的企业，可分为三个层次：纯国有企业、国有控股企业、国有参股企业。狭义的国有企业仅指纯国有企业。

② BBA，即奔驰、宝马、奥迪。

③ 参见《中国统计年鉴2021》，http://www.stats.gov.cn/tjsj/ndsj/2021/indexch.htm。

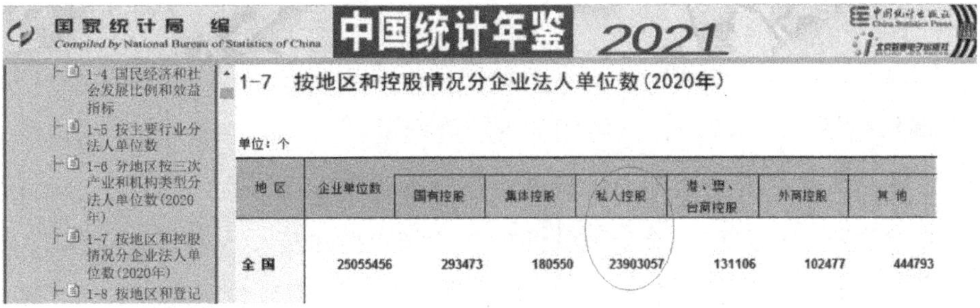
国家统计局 编
Compiled by National Bureau of Statistics of China
中国统计年鉴 2021

1-4 国民经济和社会发展比例和效益指标
1-5 按主要行业分法人单位数
1-6 分地区按三次产业和机构类型分法人单位数(2020年)
1-7 按地区和控股情况分企业法人单位数(2020年)
1-8 按地区和登记

1-7 按地区和控股情况分企业法人单位数(2020年)

单位：个

地区	企业单位数	国有控股	集体控股	私人控股	港、澳、台商控股	外商控股	其他
全国	25055456	293473	180550	23903057	131106	102477	444793

图 2-2 《中国统计年鉴 2021》截图

以前（尤其是 20 年前），外企的薪酬福利羡煞旁人，现在来看，一些国内头部民企的薪酬待遇丝毫不逊色于那些优秀的外企。虽然我们在民营企业里的选择比较多，但民营企业尤其是家族企业性质的民营企业却有一点麻烦。如果进入这种家族企业工作，可能里边很多管理者都是血亲或姻亲关系，人际关系方面比较复杂。民营企业有一些共性的特点，企业领导一般比较务实，对结果的要求特别严格。创始人一路在江湖上摸爬滚打，见过天地众生，有时春风得意马蹄疾，也有时灰头土脸、败走麦城。有些有大视野、大格局、大气魄，也有些缺少法治意识和契约精神。

3. 法务分工知多少

一般情况下，大平台的法务部会按照法务的职能在内部把法务分成几部分，如法务 BP、维权法务、知识产权法务等等。

第一个是法务 BP（business partner，意即业务合作伙伴），顾名思义，这类法务一般是贴近业务一线，为业务起草、审核合同并把控合规工作，且负责答复业务人员的一些日常业务法律问题的咨询等。法务 BP 在公司中是最贴近业务的，导致业务同事经常有种错觉，以为只有法务 BP 才是法务。

第二个是负责诉讼维权的部门，分得细的话甚至还包括负责主诉与被诉的团队。负责主诉的同事主动为公司去维权，一般坐在法院的原告席上。

负责被诉的同事一般是在别人告公司的时候出庭去应诉，一般坐在被告席上。当然，也有可能他们都手捻下巴坐在法院旁听席或自己的工位上运筹帷幄，因为他们已经委托律师代理进行诉讼了。

第三个是负责公司知识产权的部门。知识产权法务部门在高科技公司里非常重要，它们掌管着公司的商标、专利、著作权（含软件著作权）以及域名的申请、维护、续展等等工作。像华为这样著名的重视研发的巨头，其知识产权部门更是相当重要且倍受重视的。

另外，在某些特别大的平台，就像腾讯，它们的法务部门还有研究部门，比如业界著名的“腾讯研究院”（阿里巴巴也有类似的部门），据说腾讯研究院现在从法务部门独立出去了，但无论如何也是发源于法务部门的。这种研究部门的主要职能是搞产学研，跟进国家的相关政策，研究业界疑难问题，追踪跟进前沿问题，组织、参加学术研讨会，与监管机关进行密切的沟通，并且参与一些国家相关政策的制定，或者为行业、公司发声。这个部门很重要，但一般体量的公司做不到这个样子，也没那个必要。

此外，有的公司法务部门中还有负责投资并购、进出口管制、数据隐私等等的法务，但这些并不是一般公司的法务标配，所以不做过多介绍。

4. 业务眼前的“红人儿”

法务还可以按照其所支持的产品线或业务线进行划分。这种分类其实是就法务服务和支持的业务或产品条线而言的。举个例子，比如腾讯把腾讯视频、腾讯新闻、QQ 等与内容相关的产品作为一个业务线统一管理，而为了更好地支持和服务该业务条线，那么法务部门就有很多法务专门负责提供支持。当然，负责该业务条线的法务还有更加细致具体的分工。

上述分类可能让一些想选择法务职业的朋友有点眼花缭乱。我认为对没有做过法务的大学毕业生或职场人士，如果没有特别清晰的选择或倾向，不管遇到什么法务职位机会可以先去尝试，先系统地了解法务的工作到底是怎么样的。当然，如果你能在实习期接触就更好。最后，不管分工如何，如果工作一段时间发现它并不适合你，你还是有很多选择机会的，毕竟，对已经是法务的朋友来说，在公司内部进行岗位调整或换个平台可比踏进这个职业的难度要小得多。

四、法务的深造与晋升

1. 你的学历充值了吗

1）读硕士、博士

作为法务，本科学历够用吗？答案是不够用，并且很多年前就不够用了。

我本人是在 2000 年参加的高考。在我参加高考的前一年，大学就已经扩招了。大学扩招后，法学专业毕业的人数每年都在增加，法学专业也被列为不好找工作的几个专业之一，所以导致很多本科毕业的学生不得不报考研究生以获取更高的学位。

我本人就是一个例子。我是 2004 年本科毕业的，当时考研就已经蔚然成风。我几乎未做其他考虑就报考了中国人民大学法学院民商法专业的研究生（我本科毕业甚至都没去找工作），后来很幸运地考上了。坦率地讲，读了硕士确实要比本科好找工作一些（尤其是对本科院校名气一般的学生来说，更是如此），而且现在硕士毕业生也很多，导致很多单位用人标准水涨船高，相对于本科，更为青睐研究生。如果你本科就读的法学院校名气一般，那么报考“五院四系”的研究生，我认为还是相当有必要的。

纵然你是名校本科毕业，读硕士也十分有必要。我有一位北京 Top Three（前三）名校本科毕业的朋友。受家庭经济条件所限，他一毕业就去了北京一家国有金融类公司工作。但因为他们那批一起入职的员工只有他一个人是本科学历，所以没有得到户口指标，这直接导致他在北京买房、子女入学都受到很大影响。后来，他不得已举家迁往外地生活。

有的朋友问，做法务有必要读博士吗？个人认为没有必要。我偶尔会看到有的法务朋友在自己的名片上或在自己的邮箱落款处特意注明"博士"（Doctor），但实际上他们一般也是工作之后读的博士，而不是读博士之后找的法务工作。我认为如果你真的是爱好学术或以后想去高校任教，那么考一个名校博士还是有必要的（记住，是名校博士，现在一般高校都喜欢要名校博士）。从事法务这种实务工作，有博士这样一个头衔的点缀，其实没有那么大的意义。[①] 这一点不同于律师，博士学历对于律师更显重要。因为律师需要去开拓案源，当事人见到律师拥有博士学位，会觉得律师专业水平较高，容易产生信任感，进而建立委托关系。而作为法务，我认为读了博士再去做法务大可不必。当然，这还要看个人需求，倘若有人就想圆自己的博士梦，也未尝不可。

2）出国读 LLM、JD

还有的法务朋友想出国读 LLM（Latin Legum Magister，也称 Master of Laws，相当于中文里的法律硕士，俗称"老流氓"）[②] 或者 JD（不是京东的意思，拉丁文叫 Jurum Doctor，英文叫 Juris Doctor，是法律博士的意思）。如果家庭经济条件允许，能出国留学当然最好了。但是，也要视你所从事的法务专业领域而定：如果你关注的领域并不涉及国际贸易、跨境投资金融及知识产权等，那么国外文凭对你的加持作用有限（如果将来你还是要学成归国的话），除非你想做专业领域上的转型。

我身边的法务朋友出国留学的较少，此处举个律师的例子。我有一位研究生同班同学，他毕业之后一直在国内某"红圈所"做律师，后来他跳

---

① 这是我的一家之言，我在某互联网大厂的法务朋友与我的观点不同。她认为法务在职读博有必要，可以增加专业信赖感。对一般人而言，通常会认为博士的分析研究能力比较强。

② 参见《原来你是这样的"老流氓"！ | 数说 LLM》，https://zhuanlan.zhihu.com/p/101246891。

槽进了一家外资律所。在这家律所工作满一年后，该律所派他到美国某常春藤大学法学院学习一年，他毕业后获得了LLM学位并且顺利通过了New York Bar Examination（纽约州律师资格考试）。此前他在律所的时候主要从事的就是涉外法律服务，外国客户很多，故此，有了常春藤的LLM学位、New York Bar以及校友资源的加持，对他来说简直是如虎添翼。

举个反例，如果你从事的是国内诉讼相关的法务工作，那么出国深造对你而言就没有特别大的意义。因为即使涉及国外诉讼业务，公司领导或法务一般也会聘请国外的诉讼律师，而不会让你顶上去。这种情况下，可能你出国读书唯一的好处就是能跟国外的诉讼律师更好沟通一些。

3）读MBA、EMBA

不知从什么时候起，刮来了一阵MBA（工商管理硕士）、EMBA（高级管理人员工商管理硕士）之风。一时间，名企高管、民营企业家、企业中层、高级白领，以至明星都纷纷加入MBA、EMBA的队伍中来。

一些法务朋友也加入了浩浩荡荡的MBA、EMBA大军之中。我身边就不乏这样的例子。他们就读于中欧商学院、长江商学院，或者是清华五道口金融学院等国内顶级商学院或金融学院，经常在朋友圈里展示自己和同学们在西北戈壁大漠徒步的照片。看那“大漠孤烟直，长河落日圆”的景象，我经常涌起也要去读的冲动。当然，国内还有一些知名的企业家创办的商学院，比如王明夫先生创办的“和君商学院”，也可以一读。我十多年前曾经读过王明夫先生的“和君商学院”，在其中结识了不少志同道合的朋友，受益匪浅，非常感恩。

对在职人士而言，读MBA、EMBA不但能增长知识，而且是个交朋友的途径。你可以在商学院里结识一些企业家同学，而如果这些企业家同学认为你的人品靠谱、能力出众，这很可能又是一个新的工作起点。广交朋友总比自我封闭好，要勇于突破自己的认知，所以作为社会在职人士如果具备一定的经济条件可以去读。我的一位法务领导曾就读于中欧商学院，他在其中结交了很多企业家朋友，并因此而受益良多。再举一个例子，

2012 年，京东尚在巨额亏损的时候，隆雨（中欧 EMBA 2009）放弃了外资公司的高薪工作加盟京东，与刘强东从中欧同学变成同事。①

2. 金字塔上的攀登手

1）晋升的阶梯

法务的晋升肯定是每个有志于在法务职业长期发展的青年才俊所关注的。毕竟，几乎每个人都有自我实现的欲望。

法务的晋升与法务部门的整体组织架构关系甚大，法务部门的组织架构因公司规模的大小而有所不同。作为一个小规模的公司，有可能法务只有几个人，甚至只有一个法务。那么，可能你得等到公司发展壮大，现有法务或法务团队实在招架不住的情况下，才可能招聘新人、壮大队伍。新人来了，你才有可能成为领导。当然，也有可能公司领导还是觉得你经验、资历尚浅，给你招聘一个新领导过来。

尽管很多公司（尤其是互联网公司）都言必称扁平化管理（我一直觉得所谓的扁平化管理是个伪命题），但实际上管理是有幅度的。即便再强调所谓的扁平化管理，每个管理者能实际管理的人还是有限的。因此，在规模较大的公司，法务的组织架构一般是两层、三层甚至更多层次的结构。例如，如果你是职场新人，刚到某家公司做法务助理或专员，你上面可能有一个法务经理，法务经理上面有一个法务总监。当然也有更烦琐的，甚至在三层之上（图 2–3），比如法务助理上面有法务经理，法务经理上面有法务总监，法务总监上面有高级总监，高级总监上面有法务副总，法务副总上面有法务总经理，法务总经理上面很可能还有个 VP（副总裁）、CLO（首席法务官）或 General Counsel（总法律顾问）。

---

① 参见《京东总法兼首席人力资源官隆雨：那些曾经的努力，终将成就幸运的自己》，https://www.sohu.com/a/138050847_744278。

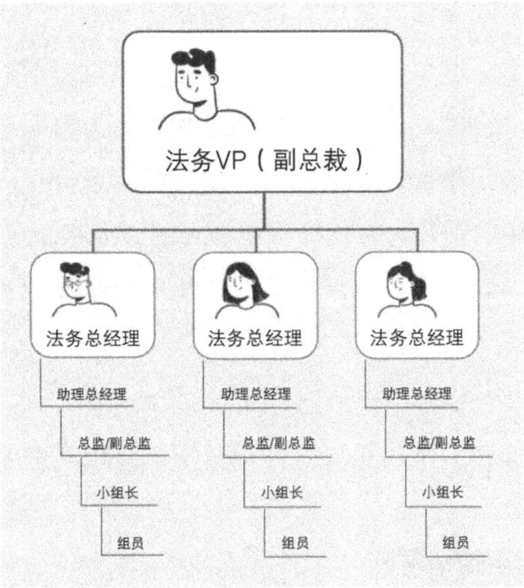

图 2-3　法务组织架构示意图

以某互联网公司为例。如果你毕业后就入职该公司，那么入职伊始肯定就是一个组员的身份（相当于法务助理），而你所在的团队，我们一般称作“小组”，每个小组由一个组长负责管理，组长上面还有副总监、总监，总监上面还有助理总经理，助理总经理上面还有部门的总经理，部门总经理上面还有法务 VP（法务 VP 是整个法务部门的负责人）。这就是一个法务部门的组织架构，你也可以把它看成晋升的层次或路径。这样庞大的法务团队及复杂的组织架构（法务人数太多也是没有办法），如果晋级总给人一种过五关斩六将的感觉。

现在很多公司，尤其是大平台，晋升是要根据绩效来评定的。如果你想得到晋升，你的绩效就必须达到公司的要求，因此得到晋升的时间并不确定，一般每两三年可能会晋升一次。而且，有的公司还有管理岗位能上能下的制度，有可能你晋升未遂且绩效不达标，还被降级。

如果你去了一个比较成熟的大平台，那么入职伊始，你务必要关注法务部门的组织架构如何、到底有多少层级，再去观察每一个层级到另一个层级之间晋升的时间大概是多少，这样你就能知道自己达到公司法务巅峰大概是多长时间了。这个过程急不来，除非你救过公司创始人的命，或者曾扶公司于大厦之将倾、挽公司于狂澜之既倒，大概率还得按部就班地积累资历、积累经验。而且，如果你的领导都没有晋升空间，你的晋升就更难（当然，你领导的晋升有时也要看他领导的晋升情况）。

在某些公司内卷[①]严重的情况下，职场踩踏事故也可能发生。如果你领导的领导被打入“冷宫”或“大权旁落”，那么你在这家公司的晋升之路也必将是命运多舛甚至是戛然而止的。因此，我们看到更多的情况是，法务一般在一家公司工作几年之后选择跳槽到其他平台来实现自己的理想和抱负。

2）如何才能更快地晋升

我们可以把这个问题分为两个方面。第一个方面，你要有强大的关系。所谓“强大的关系”，可能有人会简单地理解为“有背景”“跟领导很熟”，其实非也。实际上，我们可以将其理解为以下几层意思：首先，你跟你的直接领导关系要好，你的直接领导认可你；其次，你所在部门的领导也要认可你；最后，你能接触到的公司业务负责人也认可你。如果业务负责人或部门领导都认可你，那么你的晋升机会就会大很多。毕竟，法务部门在公司中属于职能部门、支撑部门，其主要业绩是体现在如何更好地维护公司利益、为公司业务保驾护航上的。例如，我所认识的一位年轻有为的领导，他总是笑眯眯的，几乎没见过他板着脸。除了办事能力强，大家经常夸奖他的人际关系做得润物细无声。比如，有一天，他在自己领导办公室门外看到领导秘书在吃一种小食品，且表情呈现出很欢喜的样子，于是第

---

① 内卷，网络流行语，原指一类文化模式达到了某种最终的形态以后，既没有办法稳定下来，也没有办法转变为新的形态，而只能不断地在内部变得更加复杂的现象。现指同行间竞相付出更多努力以争夺有限资源，从而导致个体“收益努力比”下降的现象。可以看作努力的“通货膨胀”。2021 年 8 月 25 日百度指数数据分析平台显示，“内卷”的整体日均搜索指数值为 16 999，移动日均搜索指数值为 14 886，最高峰值为 88 726（2021 年 5 月 31 日）。参见 https://baike.baidu.com/item/%E5%86%85%E5%8D%B7/54275161。

二天，领导及领导秘书桌面上都出现了该款小食品。

第二个方面，你本人必须很有能力。简单地讲，就是你能够切实有效地解决公司的问题（尤其是公司业务中的痛点）。即便你再有关系，跟业务领导或自己的领导混得再好，但是你搞定不了问题，关键时刻经常指望不上你，也基本上晋升无望。直白点讲，就算领导赏识你、想提拔你，你总得给领导一些提拔你的过硬的理由吧。

这些年我所见到的晋升比较快的法务同事，基本上全是既跟领导关系融洽，又极受业务及本部门领导的认可与赏识，且确实真真正正能帮业务有效解决问题的人才。

3）法务的内卷

较大公司的法务团队会更容易产生内卷的情况，如果有人在残酷的竞争中落败，最后就只能靠边站或是卷铺盖走人了。合理的内部竞争是有益的，但是超过合理限度的内部竞争就是内卷了。有朋友可能会问，如何在内卷的过程中立于不败之地呢？

在竞争中保持不败之地的秘诀就是自己跟自己竞争，只有自己才是自己最大的竞争对手，而不能总把眼光盯在其他同事身上，因为他们实际上并不是你的竞争对手。如果你每天都在不断地提升自己，为公司创造更大的价值，那么我相信公司是不会辞退或让你一直在不受重视的岗位上埋没的。因此，要以一种积极的精神去做更多的事情，不断展示自己的能力，并在处理问题的过程中积累更多的经验，为自己的发展积累更多的砝码。我以前的一位领导，他总结他成功的秘诀之一就是“一个人做两个人的事”。因此，他在每家雇主那里都很受欢迎，而每当他有更好的机会要离职时，雇主都会极力挽留。

在某些公司，因为历史比较悠久，同时发展得也比较成熟（各项制度、流程其实都非常完善了），很多老员工“躺平”的心态非常明显，可能每天都不太积极地去工作，反而想着怎么尽量少干活和推卸责任（一些法务“老油条”尤其精于此道）。但实际上，这是很可悲的——这些人完全是在浪费自己的青春和生命而不自知，等到自己一把年纪之后，很可能被后来的积极勤奋的年轻人所取代，正所谓“长江后浪推前浪，前浪死在沙滩上”。当然，并不是说法务不能追求生活和工作的平衡，而是在维持生活和工作平衡的前提下，法务要不断有主动、积极的精神去帮助业务、去学习、去体验和经历，这样才能不负青春韶华。

因为内卷，有时候同事之间的相处并不是十分融洽，甚至友谊的小船说翻就翻。我是这样看待这个问题的，归根结底，还是要办好自己的事情。个别同事可能会使用一些不太正当的手段，但是这些都无所谓，问题的关键还是在自己身上。即使我们用尽全力，最后还是被竞争对手以不光彩的手段击败，这种所谓的击败也只是一时的。即使我们在这个平台上的个人价值得不到认可，我们终究会在其他的平台上得到认可，所以没有必要因为一时的得失和短长而失意或焦虑。有话调侃得好：“此处不留爷，自有留爷处。处处不留爷，爷干个体户。”

给大家举一个我亲身经历的例子。我在某大平台做法务时，和另外一个同事同时在做同一个工作。我们之间其实是有一个相当强的竞争关系的，并且因为这种竞争关系，有时候我们也会产生一些摩擦和不愉快。但实际上，我内心是比较尊重和欣赏我的同事的，因为我认为他也是一个很认真工作的人，并不是那种摸鱼、划水或磨洋工的人（一般认为，“摸鱼、划水、磨洋工”属于“懒人三项”，是职场“老油条”的日常体育项目）。我们都是想做事情的人，因为想做事情而在做事过程中产生摩擦也很正常。我们共同的领导其实是希望在这种“赛马机制”下让我们各自展示我们的能力，我也很理解领导的想法。

我们谁想要在竞争中胜出，那就必须拿业绩说话。我比他年长几岁，在经验上有一些优势，于是我频繁出差，并且在出差过程中逐渐蚕食他的原有地盘——反正领导没有划清楚我们的地盘，干就完了。出差比较猛的两次，有一次我一周五天先后跑了济南、常州、无锡、苏州、上海、厦门、福州；另一次，我一周四天跑完了江西省的南昌、九江、抚州、上饶四个地点，基本上不是在办事就是在办事的路上。当然，竞争的同时，如果他请我帮忙，我还是会帮忙的。我们之间也算得上是互相帮助、良性竞争了。最后，我成功地拿下了更多地盘并且做出了一定的成绩，后来领导对我的工作态度和工作的成果还是比较认可的。

五、法务的跳槽和转型

1. 灵魂考问：跳还是不跳

1）跳还是不跳

如果作为法务的你几乎每天在工作时都打不起精神、很困惑，并且有当一天和尚撞一天钟的想法，那么你应该有一些警醒，考虑自己是否有必要做出一些改变。那么，接下来，第一个问题就是跳还是不跳的问题。

跳还是不跳？归根结底在于你现在所在的这家公司是否满足了你心里最真切的需求。你要仔细考虑，你目前最真切的需求是什么？是对学习更多知识的渴望，是想得到更好的职位，是想赚取更多的薪水，是想让自己的工作和生活更加平衡一些，还是想得到公司领导更多的认可，等等。好好考虑一下，你的核心需求到底是上面所罗列的因素中的哪个或哪些呢？写下你的需求。然后分析哪一个是你最强的需求，而这个需求在现有的公司并没有得到满足，并因此给你造成了很多困扰。

我要提醒大家，有一些问题很可能并不是环境的问题，而是你自身的问题。比如，你觉得和同事很难相处，那你要反思一下是不是因为自己性格上的原因，或者是为人处世上的原因而导致不能跟同事很好相处。如果你把所有的问题都归咎于同事和公司，那么即使换一家单位，你会发现你又遇到了同样的问题，然后你会觉得另外一家单位也不好，于是再换一家单位。接二连三下去，你会发现自己越来越困惑甚至绝望，怎么所有的单位都不好?! 为什么整个世界都在跟自己作对?! 如果是这种情况，我们应该反观自身，找出导致这些问题的自己性格上或为人处世上的缺陷，而不是把所有的责任都抛给其他人、抛给自己的单位。如果不能从自己的心性、性格、为人处世的方式上去做改变，那么这就是一个死循环，问题不能得到根本性的解决，那这样的跳槽就是无效的跳槽。

有的法务朋友会问，我在一个企业干一辈子行吗？这是一个个人选择问题，有人除了把公司当成事业平台，还有一定的感情寄托，有荣辱与共的情结，也有人相信“良禽择木而栖”，让自己能力发挥最大化。在前文我已经说过了，公司、行业都有成、住、坏、空的过程。任何一家公司，哪怕是最好的公司，它可能有最辉煌的十年，也必然有走向衰落的过程。如果你是一个非常积极要求上进的人，那么在合理的时间跳槽对你收入的提高、个人的成长、能力的提升都是有好处的。对一些很要求上进的人来说，如果他的领导不晋升或离职的话，他就很难得到晋升。因此，这样的情况下，他往往会选择通过跳槽来得到晋升。总之，上进的心需要过硬的综合实力来支撑，让自己有能力、有底气是最重要的。

2）往哪里跳

我们按照这个思路来考虑：先选行业，再选公司，最后选领导。行业、公司、领导的选择方法前文我们已经讲过，这里再做一点补充。

行业方面，有的法务朋友有跳到不同行业去体验的想法（如在新兴行业确实有很好的发展机会）。其实如果是社会招聘，猎头或 HR 还是希望候选人从事的是本行业的工作，但也有极少数的情况，比如有的行业是新兴的行业，同行业的人很少甚至根本没有这样的人选，这时猎头或 HR 就会物色类似行业甚至是不同行业的候选人。但是在尝试跨行业之前你要记住，如果你跨行业了，那就意味着你原来所在行业的相关经验及人脉到新的公司可能完全不适用了，你得重新开始。故此，学习成本和入职初期的不适应也是需要考虑的。

公司方面，你肯定是要跳槽到最符合你下一步需求的公司。因为你的需求是随着你的年龄和阅历的增长而不断变化的，所以你要考虑清楚你下一步的需求是什么。如果你刚就业，那么肯定是按照很多人所说的“先就业，再择业”，先入了法务这行再说。当然，可能你的第一家雇主并不是很理想，但你至少成了法务，你至少可以了解公司是如何运作的，法务的日常工作有哪些，等等。随着时间的推移，你发现其实大概有个两三年你就对你所负责的法务工作轻车熟路了。在我看来，如果你在一个公司超过三年还没有摸清楚自己所做的事情，你就需要好好反思了。通过两三年的时间能够掌握自己所负责的法务工作，在工作中不断精进，那你会让自己有更多的选择。

3）怎么跳

接下来的问题就是怎么跳，即跳槽的渠道或方法。

在职人士跳槽叫社会招聘。社会招聘有以下几种途径：

第一种是通过公司的官方网站，比如像华为、阿里巴巴、腾讯，你在它们的公司官网上可以找到招聘的频道，可以看到很多人员需求及条件要求。

第二种是通过猎头。你可以把自己完整版的简历上传到猎聘网或其他招聘网站上，挂在上面保持一个激活和更新的状态。这样猎头如果看到并感兴趣就会与你联系。当然，你需要在招聘网站上屏蔽自己所在的公司，不要让公司的 HR 或领导看到，因为如果被他们看到了，他们会觉得你一定是有跳槽的想法，要不然为什么把简历挂在上面？于是，HR 会马上把你所在岗位的招聘需求挂在网上，你就很尴尬了（其实从公司角度讲，这也很正常）。[①] 那些并没有跳槽想法的朋友，也可以把你的简历放在网上。这倒不是说我们身在曹营心在汉，只是让你跟猎头保持联系，多了解一些市场信息，包括与你相关的职位或岗位有哪些新的公司在招聘，现在整体的市场行情是怎么样的，对候选人是什么样的要求，等等。上述这些都需要你去实时地保持对市场动态的了解，并不是说你在一个公司工作就可以两耳不闻窗外事了。切记，既要低头走路，也要抬头看天。

---

① 据说有的招聘网站给用人单位提供一项服务，就是当用人单位有员工想要跳槽或刷新简历时，招聘网站会通知用人单位，但这点我没有得到过证实，在此作为问题分享。

我再多说一些关于猎头的问题。目前，猎头行业可能因为做的人太多了，鱼龙混杂、良莠不齐。有一回，一个猎头电话联系我，第一句话他就问："您好！我是 ×× 猎头公司的猎头。请问您是李先生吗？"我说："我姓徐。"他说："不好意思，徐先生，请问您现在正在看行政经理的岗位吗？"我说："我是法务。"他有些尴尬地说："哦，对，不好意思，我说错了。您是在看财务经理的岗位吗？"这个猎头太不专业，有可能他是初出茅庐，对行业、职位各方面不是十分懂，经常打 cold call（陌生电话）以至于把自己给打混乱了。因此，如有猎头联系，也要对对方的专业性进行评估。

现在很多做法务岗位的猎头朋友往往对法务专业教育了解得很肤浅。举个例子，你让他说一下"五院四系"是哪几家，他都说不出来。他们所谓的优秀的学历背景常常指的是"985"或"211"高校，但实际上，一些"985""211"高校（尤其是一些理工类高校）的法学实力并不强，所以还是应该以教育部法学专业高校学科评估结果为准来分析候选人的法学教育背景是否优秀。[①]

第三种是靠熟人、朋友的推荐。随着我们年龄的增长，尤其是过了三十五岁以后，如果再要跳槽，熟人、朋友的推荐是最主要、最靠谱的途径。我能有跳槽到某互联网公司法务部的机会，完全得益于一位朋友的内部推荐。我很感谢这位朋友，正是因为有了他的推荐，我才有了这样好的一个工作机会。

4）跳槽的时间问题

如果你已经决定要跳槽了，接下来就是跳槽的时间问题。跳槽的时间问题既包括你在现有的公司工作了多长时间，也包括你在一年中的什么时间点跳槽。

法务部门在企业里作为职能部门，员工一般比较稳定，跳槽的人并不

---

① 参见《院校排名：法学专业教育部第四轮高校学科评估结果》，https://www.sohu.com/a/332597472_100139297。

是很多，因此法务一般在企业里工作的年限还是较长的。并且，一般法务部门的领导还是希望员工能够 stable（稳定）一点，什么叫 stable 一点呢？就是说你在一个公司至少得工作三年。在互联网公司工作两年还勉强可以接受，但如果你简历上每份工作的持续时间就两三年，不管是猎头还是 HR，或是用人单位的领导都会认为你这个人可能没有耐力和定性，是那种容易频繁跳槽的人。长此以往，跳着跳着，你的简历就花了，甚至都没法看了，可能连用人单位的简历关都过不去。因为用人单位不敢用你，担心你没干多长时间又跳槽了，你跳槽之后，用人单位还得费好大的劲儿去物色合适人选，而这又需要时间，需要成本（一般一个相对重要的法务岗位要找到合适的人花费个一年半载的时间都有可能）。

我们再谈一下跳槽的时点问题。跳槽的时点，就是说我们大概在一年当中什么时候跳槽比较好。根据我这些年的经验以及猎头朋友的建议，一般情况下每年有两个时间段是跳槽的好时机。最好的时间段是年后，因为一般大家即使想跳槽，也是等拿到年终奖之后再行动，故此，年后很多职位都会空出来。第二个时间段仅次于年后，是每年的九月和十月，猎头管这个时间段叫作“金九银十”。除此之外，就看个人的际遇，比如有个特别难得的机会，即使放弃年终奖也不过是短期利益和长远发展的选择。总之有些共性特点，也看个性机会。

关于跳槽，我提示几句，不绝对，但是比较靠谱。如果是一个好坑儿的话，那么一般人都不愿意离职，或者会从内部提拔。所以说很多空出来的坑儿常常是不太容易干的职位空缺。当有跳槽想法的时候，最好是在自己上升的心态和条件下去选择下一份工作机会，而不是因为对现有工作无法忍受，想要换一个环境来摆脱现在的这种窘境。因为我们如果对一个企业无法容忍，就像我前文所说的，可能更多的是你无法容忍自己身上的一些问题。你如果不能直面自己的问题，很可能跳多少次槽都是白搭。

5）跳得不好该怎么办

最后一个问题，有的法务朋友跳槽之后对自己的新单位并不满意，很是苦恼。我认为这种情况下自己先不要盲目地下结论，认为这家公司又是一个不好的公司，甚至准备赶紧收拾包袱再次跳槽。千万不要这样，因为就像我说的，如果跳槽都跳成恶性循环了，那么多少家公司也解决不了你自身的问题。这时要先静下心来好好思考一下，自己过去在每个岗位上跳槽的真正原因是什么，再根据这些原因反思一下，自己有哪些做得不对的地方和可以提升的空间，然后再看一看在这家公司现有的条件下，如何去改正自己的这些缺点，以便让自己在这家公司走得更远。

如果没有直面自己内心问题的勇气，那么恐怕你下一个跳槽的公司，很可能是你又一段不愉快职场经历的开始。如果确实不是自己性格上或为人处世方面的问题所造成的再次跳槽，那么跳槽前你一定要做一个长期的规划，包括你下一家单位是哪个行业的，公司是个什么样的公司以及自己所期望的领导是什么样的，等等。你要做到自己心里有数，然后再去跳槽，否则就是盲目地跳槽，盲目地离职，盲目地再跳槽，盲目地再就业，无限循环，直到你被折磨得再也折腾不起来。就像赵本山演唱的歌曲《求索》中的歌词一样——“毛驴儿拉磨哟，它走不出那个圈儿……”

2. 法务的“七十二变”

法务归根结底也只是一个职业。我们这些改革开放后出生的人不再像父母生活的那个年代，一份职业就可以做一辈子，每个人一生中都可能会经历一些职业。庆幸的是，现在这个社会更加开放、包容、多元，我们会面临各种各样的选择，并且完全有能力去选择一个更适合我们内心的需求或符合自己兴趣方向的职业。下面我举几个例子来谈一下法务转型过程中的几个可能性。

1）做管理

第一个方向就是从法务转型去做管理。这其实很容易理解，因为法务在很多公司跟管理层走得都很近，有的甚至可能就是领导秘书，无形中就更有机会去近距离学习领导管理的手段、方法。如果公司和领导给你这种机会，恰巧你又有从事公司管理的想法，这也是一个很好的机会。我本科有一位女同学，当年学习成绩非常优秀。她毕业之后来到北京，先去了律所工作，然后又转做医疗公司法务，做了几年法务之后，因为她对销售工作特别感兴趣，所以又从法务转了销售，最后她去了另一家更大的医疗公司做管理（当然也兼管法务的工作）。她的转型还是挺成功的，领导对她也比较认可。

法务一般会从哪些角度去切入管理岗位呢？主要有以下这样两个角度：

一是从本部门出发去切入其他部门的管理。因为一些法务本身在公司就可能是董事长秘书或董事长办公室主任，有较多的参与公司治理活动的机会，比如组织、安排“三会一层”[①]的定期会议。如果是较大规模的公司，法务会有应对监管层以及相关政府机关的一些文件起草工作，其实这些已经很接近管理了。如果想从事管理工作，除了对自身所属的法务部门很了解，你应该对公司内其他部门[②]的运作和工作也很了解，在工作中要有培养自己综合能力的意识。比如，我前面提过的大型平台的法务负责人，如果再升一步，他可能会兼管人事、行政、法务等职能部门。[③]当然，也不排除有的法务愿意去做销售或运营的事情。

二是如果你已经做到公司法务的负责人了，那么基本上公司每次召开业务经营会或例会，你也都是要列席会议并且以发表专业意见或建议的方式来参与决策，而这其实也是一种管理。

2）做业务

我身边也不乏从法务岗位转做业务的例子。因为法务的工作其实很贴

---

① 三会一层，即股东大会、董事会、监事会和高级管理层。

② 公司的基本组织架构既包括管理层，也包括各个业务部门及职能部门。以业务部门为例，如果是生产型企业，一般有采购部门、生产部门、研发部门、设计部门、商务部门、市场部门、运营部门、客服部门等。职能部门一般包括人事、行政、法务、财务等部门，有的时候还包括政府关系部门（GR）、公共关系部门（PR）。

③ 但是对于财务他一般不太能管得到，因为财务确实还是门槛较高的，一般是由公司的CFO来掌管公司的财务部门（有时候CFO还会兼管投融资并购部门以及与投资者关系相关的部门）。

近业务，经常需要审阅、起草业务的重要合同并且把控业务的风险。在一些大的平台（如某互联网巨头公司），法务甚至对业务有否决权。很多公司业务人员变换得比较频繁，新来的业务同事都不太了解业务实际情况，甚至一些业务人员入职之后发现自己竟然还没有法务人员更了解业务。的确，资深的法务不但会把业务模式摸索得很清楚，学习得很透彻，还能给新来的业务人员讲清楚来龙去脉。这样的法务人员由于深刻了解业务运行的流程以及风险点，还是比较容易转型做业务的。

我之前举过的在信托公司工作的师弟的例子就是这样。金融类公司（含信托公司）一般分为前台、中台、后台，他原来做的是法务后台工作（法务在金融类公司属于后台部门）。因为后台是职能部门而不是业务部门，所以收入与业务部门无法相比。故此，他在后台积累了一定的对业务的了解和认识之后，毅然选择加入了前台部门做业务，后来做得还相当不错。

3）做律师

我们再谈一下法务转型去做律师。我所接触到的法务转做律师的例子还是很多的，但其中更多的是男性法务转型做律师。这有可能是因为男性担负的养家的责任更大，所以很多不安于现状的男性法务最后都选择去做律师了。以本人为例，我从某四大会计师事务所离职后，从事法务工作共十二年。在做法务六年（三十五岁左右）之后，我曾多次萌生转型做律师的想法，但是因为家庭等各种原因导致转型时机并不成熟，故此未能如愿。直至 2021 年，我快四十岁的时候，才离开法务岗位加入了国内某大型律师事务所开启律师职业生涯。

我本人及身边的一些资深律师认为：法务如果打算转型做律师，尽量还是早点转型比较好，像我年近不惑才转型就属于典型的转型晚了。曾有一位在著作权维权领域较为知名的律师朋友对我说，他大概是在三十五岁时从公司法务转型做律师的，他说他最后悔的事就是当时出来晚了。我现在比较理解为什么说三十多岁甚至四十多岁的法务转型出来做律师有点晚了。因为做律师需要积累案源、积累客户、积累专业经验，这是需要时间的。如果年纪较大才转型，也仍旧需要进行相应的积累，尽管可能积累的速度或效率要高一点，但积累的过程还是避免不了的。就如同春种、夏长、秋收、冬藏，每个步骤都不能省略。另外，如果转型做律师时年龄较大，身体和精力也难以承受高强度的律师工作。

我身边还有这种情况：先做法务，后做律师，又回头接着做法务。我有一位法务朋友，他在做了几年法务之后想去做诉讼律师，故此跳槽去了一家律所。但在律所工作了一段时间之后，因为妻子怀孕，家里还是希望他稳定一些（刚开始做律师时收入并不稳定），所以他权衡之后还是选择去了某知名公司接着做法务了。但他也跟我表示这只是权宜之计，将来还是希望再出来做律师。可能是经历了律师相对自由生活的人，很难再去适应做法务时那种比较固定套路的生活了。

法务转型去做律师肯定是不能随便转的。一般情况下，做律师所从事的方向肯定要与你以前做法务时的方向是高度相关的，甚至是相同的方向和领域，这样你以前做法务时所积累的知识、经验、人脉才不会白费。否则你在三十岁或四十多岁才出来，做的事情与以前做的事情又毫不相干，那你的竞争力何在呢?!很可能你的竞争力还不如刚毕业的大学生，毕竟人家更有热情，比你还能加班熬夜，要的薪水还更少。所以，转型之前一定要规划好自己的方向。

此外，法务转型做律师最大的困难是收入不稳定。不像做法务时公司每个月定时给你发工资，除了做授薪律师之外，做律师一般刚开始的几年收入都是不稳定的，故此很可能会在收入上“饥一顿，饱一顿”。很多法务面临这种选择时会觉得很难取舍。如果把人比作一只美丽的鸟，你有两种选择，一种选择是在笼子里“养尊处优”（笼子代表公司）。如果“笼子”足够大、足够好，你会有很多食物（相对丰厚的薪水，工作和生活比较平衡，性价比较高），但美中不足的是，你在笼子里面，有的时候觉得比较闭塞，也不是很自由（至少要待在笼子里面，给的食物也未必是你愿意吃的，有时还得唱个歌、学个舌）。那么，其实还有另外一种选择——就是笼子外面的广阔世界和天空（做律师）。你可以选择这种生活，这种生活的最大的好处就是自由，没人去管你。[1] 当然，食物并没有保证，有时可能饿得前胸贴后背，也有时撑得满地打滚。

从法务转型做律师，尤其是中年转型，一定要仔细考虑，权衡好再动手，不要急于从法务的圈子里跳出来，毕竟人生的选择很多时候都是“围城”。

4）考公务员

还有一种选择是从法务转型去做公务员（包含检察官和法官）。有的法务朋友选择去参加国家相关考试，经过层层选拔后进入了公务员队伍。但是公务员考试一般有年龄限制（一般是三十五岁），过了这个年龄就没有报考的机会了。此外，公务员选拔考试竞争之激烈堪比高考。例如，2021 年度国家公务员考试计划招录 2.57 万人，超过 150 万人通过资格审查，人数创下历史第二高，平均 61 人竞争 1 个职位，最热岗位竞争比达 3 334：1。

5）成为高校教师

法务还有一种选择就是成为高校教师。我身边就有一个例子。在我读研究生的时候，我同门的某博士师兄就做了这样的转型。他当时是某公司的法务负责人，但他觉得所在公司的法务工作没有特别多，自己也没有太多的发展空间，于是读了博士，想通过读博士去高校任教。一切如他所愿，读完博士之后，由于他的学术能力突出，加之以往经历丰富，他去了国内“五院四系”的某家做了大学教师。我现在还经常能看到他在一些媒体上出现，参加一些采访、政策制定以及立法工作。同时，他也活跃在高校的教学一线上，很受学生喜爱。

尽管做高校教师比较有社会地位，但你同时也要意识到做高校教师从收入的角度确实不如做律师。当然，这要看个人的选择，因为有的朋友确

---

① 当然，最大的坏处就是太自由，如果你缺乏自律、散漫随性，这种转型就失去意义了。

实对学术研究和教学非常感兴趣，并以此为终生志向，那么从法务转型去做高校教师，无疑是更符合他需求的选择。

6）其他

最后，我们来个兜底，谈谈上述选择之外的法务转型的可能性。有的法务朋友因为在公司里接触领导的机会比较多，后来做了公司的证券事务代表或董秘，甚至有的摇身一变去了券商。我有一个师妹，她在硕士毕业之后先去公司做了法务，后来因为金融行业当时比较火（尤其是新三板），她对券商产生了浓厚的兴趣，想去券商前台做业务（她不想去券商里也做法务），然后她果然找到了国内某券商业务前台的岗位并顺利入职。我身边还有一些法务朋友转型做了公司 HR，还有的法务朋友内部创业，或者彻底独立出来，成立了法律咨询公司，让我看到了更多的法务转型的可能性。

总之，以上就是我所看到的身边法务朋友离开法务职业之后的转型选择，仅供大家参考。

3. 老当益壮的法务

随着年龄增长，每个人都会面临退休这一步，法务也不例外。一些法务前辈还没到法定退休年龄其实就已经在给自己的退休生活做规划了。我再讲讲我所看到的一些法务前辈是如何选择的。

有的法务前辈辛苦了大半辈子，也基本上实现了财务自由，退休之后选择了游山玩水、闲云野鹤的生活——这可能是很多人的想法。因为孩子也大了，他们有充裕的时间去做一些自己以前没有时间去享受和追求的事情。

但是，还有一些法务前辈退休之后仍然活跃在法律实务的一线上。我认识一位老律师，他原来是某世界五百强公司的法务高管，后来他从美国回到国内开始从事律师职业，在国内一家大型律所做了几年律师直至退休。在他退休之后，我们有段时间没怎么联系，只是逢年过节时互相问候。后来我非常惊讶地发现他竟然创业了！他因为在美国学习、工作多年，积累了一些美国科学家的资源，在了解了某产品在美国很有市场的情况下，于是他在退休后也没闲着，很快就在家乡成立了一家公司。依靠美国科学家的技术支持以及国内生产原料的成本优势，他公司的产品远销美国，收益丰厚。更让我意想不到的是，他不单自己开公司创业，同时还在一家北美著名外企担任法务负责人，又杀回了法务职业。这真是退休之后又创业又再就业的励志故事。

还有的退休之后的法务前辈，如果有条件和机会，会选择去仲裁机构担任仲裁员。我们知道仲裁机构比较市场化。我之前的一个法务领导，他对自己将来退休之后的生活规划就是去仲裁机构做仲裁员，继续发挥自己的余热。这其实也是我们法务朋友退休之后的一个转型方向，仅供大家参考。

第三章

法务的工作与技能

一、法务的日常工作

1. 公司治理

除了日常的法务工作，法务也会参与到公司治理中去，例如参加甚至组织公司重要的会议。法务一般参加的比较重要的会议是公司日常的业务经营会。法务负责人一般会代表法务部出席业务经营会，给公司的经营决策提供法务支持甚至是参与决策。

不论是大公司还是小公司都有这种性质的会议（这种会议在中小规模的公司尤为常见，规模较大的公司由于业务线较多，一般是负责某条业务线的法务定期或不定期参加该业务线的经营会议）。有的公司叫作业务经营会，有的叫作例会，还有的叫作部门负责人联席会议，名头不重要，关键是法务负责人都要借由这种形式参与到公司的经营管理中去。一般这种经营会每周召开一次，有时是周一，有时是周五，当然也看公司领导的时间，如果领导临时参加不了，会调整时间。开会时，在公司领导的主持下，与会的每个部门负责人会依次汇报本部门上周的工作情况，下周的工作规划以及需要其他部门支持、配合、协调，或者需要多部门沟通的一些问题。最后，由公司领导总结发言，对各部门的工作情况进行点评，并视情况布置下一阶段工作。

作为法务，积极参加公司的业务经营会是极其有意义的，其重要意义主要有以下四点：

第一，法务可以通过公司业务经营会更好地了解公司、业务、人员的情况。公司的业务经营会一般是由各部门负责人参加，每个部门的负责人都会汇报最近一周的工作以及下周工作的规划，这对公司法务来讲可是个不可多得的学习机会。我知道有些小公司的领导不是十分重视法务工作，因此法务一般会被排除在公司业务经营会之外。这时候，如果法务负责人本人很负责任、很有上进心，那一定要跟领导直接表达，要求代表法务部参加业务经营会。

法务负责人可以跟领导这样沟通：因为业务经营会上一般会展示公司在最近一段时间经营上的一些成绩、变化、规划、困难、解决方案，这其中也必然涉及法律问题。法务在了解上述信息之后，可以更好地去做预防、协调、处置，以帮助公司更好地发展，而不是等到问题出现时，法务才姗姗来迟地去解决。这样沟通下来，一般领导都会比较开心，也会理解和同意的。另外，业务经营会也能看出一些人际关系以及部门负责人甚至是高管之间在意见乃至观念上的分歧和矛盾，尽管这并不是我们法务专业上的问题，但是这在公司里是很重要的，会让我们在处理问题的时候考虑得更加全面。

第二，通过参加业务经营会，法务可以更好且更全面地了解业务需求。业务经营会上，业务领导可能不仅会提出法务上的需求，也可能会提出对其他部门的需求，而这些需求，往往是仅靠与业务同事的日常沟通而难以获取的。比如，业务领导在会议上提出对HR部门的需求，比如辞退某些绩效不达标的员工，这时法务马上就联想到是否涉及违法解除劳动合同的问题，而不是等员工闹到劳动仲裁那里法务才知晓。

第三，展示法务工作成果。酒香也怕巷子深，工作干得再好，领导、业务同事不了解也被埋没了。除了日常及时向领导汇报重要工作进展之外，这种定期的业务经营会也是一个很好的展示法务工作成果的机会，所以不能不重视。

第四，参加业务经营会有助于法务负责人了解法务工作的优先级与分寸。参加业务经营会后，法务负责人会站在公司全局的角度考虑问题，而不是仅仅站在法务本部门或业务部门的角度去考虑问题。在业务经营会上，你会进一步了解到业务部门内部（业务部门内部的不同想法或矛盾），业务部门之间（如果公司的业务部门不止一个），业务部门与职能部门之间在工作中的配合衔接甚至是矛盾的地方，业务部门与公司领导之间的意见相同与不同之处，而这些信息对我们处理相关法务工作的分寸、程度和结果都会产生一定的影响。例如，有的业务同事总是心急火燎地去找法务做某些事情，如起草或审核某某合同，但是在业务经营会上法务负责人可能会发现公司领导对这个项目其实根本不支持，这种情况下，业务同事所谓的重要且紧急的事情实际上可能并非如此。因此，法务负责人自己要判断一下优先级，如果公司领导都觉得这个事情不重要，那可以适当地往后放一放。如果领导觉得哪个地方需要注意，比如领导认为最近诉讼维权工作要加强，那么肯定要优先处理。

业务经营会既然如此重要，那么该如何参加业务经营会呢?

首先，开会前要与业务同事、公司领导事先进行充分沟通。我个人的体会是，不要把所有的问题都拖到去业务经营会上讨论。如果非要把所有需要与业务部门领导沟通的问题都堆到业务经营会上去讨论，公司领导会认为你们法务工作干得不好，进展很慢，或者是与业务部门的人没有提前沟通好，否则为什么一开业务经营会就有业务部门的人向法务负责人问这问那，甚至是向法务部门开炮呢。如果法务平时已经跟业务人员很好地沟通了重要、紧急的问题，或者早就已经妥善处理了，就不会产生只要一开业务经营会就变成了业务部门针对法务部门的“批斗会”的情况。为了避免这种情况的发生，需要我们平时多走到一线去了解业务人员现在做的事情，以及他们的一些想法和顾虑。只有在充分沟通的情况下，法务的支持工作才能更有针对性，才能更好地帮助业务的发展。

其次，要对业务同事可能的“甩锅”行为做预先准备。在我以往的法务工作中，我发现个别业务同事，平时你找他沟通时他经常推托说没时间，给出一大堆理由，约他见面比跟比尔·盖茨见面都难。见不着也就罢了，个别的业务同事甚至负责人是那种有了好处往自己身上揽，出了问题喜欢往别的部门甩锅的人，并且甩锅技术一流，不仅可能往法务身上甩锅，也可能往其他部门身上甩。每到周例会或业务经营会上，这类同事就会大放厥词，认为其他部门（包括法务部）的同事没有支持好业务工作。当然，这种人有可能是人品上有问题，也有可能是情商不够高。不管怎样，这种与业务同事无法事前充分沟通的情况，我们一定要做好充分准备，并且就他可能发难的问题与公司领导事先有充分的沟通和交流（这样一来，如果业务同事屡屡提出无理要求或到处甩锅，只会增加领导对他的反感）。只要公司领导知道事情的来龙去脉，即使业务部门同事向我们开炮，也奈何不了我们。

再次，如果业务同事向法务甩锅，千万不能像我之前遇到的一些法务同事一样——业务同事只要发难，他就认㞞，也不管是不是法务部门的问题，就都承认是自己的责任。作为法务负责人，你自己到底有没有做错，法务工作中有没有产生疏漏，一定要心里清清楚楚，绝不能业务同事认为是法务的问题你就承认了，因为有可能他的要求是不合理的甚至是无理的。故此，每次会前一定要做好准备，充分考虑会议上可能出现的情况。如果业务同事或其他部门的同事对法务工作有无理的要求或过分的言辞，也要当场有分寸地坚决予以批驳。

最后，我们说一下如何更为有效地参加业务经营会，而不仅仅是刷存在感和走过场。在参加业务经营会时，一定要把领导和其他业务同事对法务工作的要求记清楚，如果事情并不如领导或业务同事想象的那样简单（大多时候如此），一定要适时进行提示，降低他们的预期，否则没准法务部门的噩梦就要开始了。另外，要当场沟通清楚需要解决事项的预期或目标，以及处理时间上的要求。比如，领导要求这个月底就要解决某项问题，一定要记清楚，并且马上列入法务的下一步行动的清单之中，否则如果没有把业务经营会上领导布置的重要任务进行落实，那么毫无疑问，领导对你的印象不会太好，业务同事也肯定会非常不满意。如果完成领导在会上交办的任务有困难或需要公司资源支持，除现场不宜公开讨论或需要很长时间讨论的情况外，一定要在会上明确提出需求，不要拖到其他时间。

除了上述业务经营会或例会的形式，在一些经历过股份制改造处在拟上市或已上市阶段的公司，“三会”也是极其重要的公司治理形式，其中也少不了我们法务人员的身影。“三会”制度对于已经完成股份制改造的公司，尤其是已上市的公司来说是非常重要的，并不是走过场，所以还是要相当重视的。

法务主要从以下三个方面参与“三会”（在某些公司，这部分工作是由董事会办公室主任、董事会秘书或行政部门负责人负责的）：参与“三会”会议的组织，会议决议文件的起草，工作报告的撰写。

我们先说一下“三会”会议的组织。按照《公司法》以及公司内部规章制度的相关规定，股东大会（股东会）、董事会、监事会是有召开、通知时间的要求的[①]，我们一定要按照时间要求来召开会议以及进行书面通知。在通知之前，以下工作要准备好，如确定会议的时间、地点、参会人员、会议流程、会议议题、表决方式、表决制度等等。有的法务朋友不清楚该如何起草上述文件，其实网上这样的资源还是很多的，比如你可以去证监会官网或巨潮资讯的官网上看上市公司发的各种信息披露的文件，其中就有相关的会议文件。因为这些上市公司通常请的是较为专业的律师起草的模板，故此我们可以拿来借鉴一下，看看自己在模板方面到底有哪些是可以提升的。当然，如果公司有外部律师，也可以请他们起草。另外，如果需要其他相关人员（如公司业务的高管）列席会议，同样必须提前通知，以便他们安排时间并做好充分的准备。

---

① 现行《公司法》第四十一条规定：“召开股东会会议，应当于会议召开十五日前通知全体股东；但是，公司章程另有规定或者全体股东另有约定的除外……”第五十五条规定：“监事会每年度至少召开一次会议，监事可以提议召开临时监事会会议……”第一百条规定：“股东大会应当每年召开一次年会……”第一百零二条规定：“召开股东大会会议，应当将会议召开的时间、地点和审议的事项于会议召开二十日前通知各股东；临时股东大会应当于会议召开十五日前通知各股东……”第一百一十条规定：“董事会每年度至少召开两次会议，每次会议应当于会议召开十日前通知全体董事和监事……”第一百一十九条规定：“监事会每六个月至少召开一次会议。监事可以提议召开临时监事会会议……”

此外，作为上市公司，对待会议议案要极为严肃，是不能放飞自我的。有个别上市公司向证券交易所提交的议案画风清奇，比如有一家上市公司一口气向上交所提交了 1 001 个议案，议案主要是“关于调整双休日至礼拜四、礼拜五的议案”“关于申请变更交易所的议案”“关于第一大股东每年捐赠上市公司不少于 100 亿元现金的议案”“关于公司建立健全员工恋爱审批制度的议案”“关于公司全体员工加薪 200 元的议案”“关于公司全体员工降薪 50 元的议案”“关于董事会成员必须通过英语专业 8 级的议案”……当然，这些都是反面教材。

法务还会参与会议决议文件的起草。就像我上面提到的，对于这些决议文件的形式，我们可以参考其他上市公司所披露的决议文件。

法务可能还会参与“三会”工作报告、财报的撰写。如果你所在的公司规模并没有那么大，人员也没有那么多，那么可能“三会”工作报告需要法务去参与撰写。如前所述，撰写时也可以参考同行业的其他上市公司所披露的文件的结构、形式等。另外，如果我们是上市公司的法务，那么我们有可能会参与财报的撰写工作。如果公司有董秘[①]，由董秘牵头，我们可以跟董秘一起商量怎么去写。当然，除了董秘，公司财务的负责人是必须参加的，且是核心主力（财务部分才是财报的重头戏）。财报主要包括季报、半年报和年报。一般情况下，财报中可能会涉及与法务相关的一些事项是“三会”流程性的东西、诉讼和重大诉讼风险相关的事项以及一些重大合同的内容。这些文件，尤其是需要向公众做信息披露的文件，一定要反复核对，多看几遍，不要出现低级错误。我看到有的上市公司聘请的律师，不知道是忙不过来，故而投入的精力比较少，还是确实是业务能力欠佳，容易犯一些比较低级的错误。[②] 如果这个时候，我们法务人员也不

① 董秘是董事会秘书，人家是公司高管，可不是董事长秘书，大家千万不要弄混。

② 比如，2017 年 6 月 14 日晚间，科陆电子（002121.SZ）发布了一则董事长提倡员工买入公司股票倡议书的公告，细心的股民发现这份公告中居然把自家名字“深圳市科陆电子科技股份有限公司”写成了“深圳市奋达科技股份有限公司”。

认真把关，那简直就是错上加错。比如，我就遇到过有的不负责任的律师在为我所在的公司起草章程的时候，直接拷贝了别的公司的章程，拷贝也就拷贝了，关键是文本上的水印还没去掉，公司主体的名字也没有改过来。我当时差点一口血喷到电脑屏幕上。

2. 企业的设立、变更、注销

法务有一部分很重要的工作是负责企业的设立、变更和注销。众所周知，企业的外延可不仅仅包括公司，合伙企业以及其他非法人组织也涵盖其中。我们这里提到的主要是公司的设立、变更和注销。

1）公司的设立

公司设立发生的场合一般是公司在进行扩张，比如公司为新的业务而设立新的独立主体来运营，或者是为了在其他省市跑马圈地而在当地新设立公司。当然，也不排除有税收筹划的安排和考虑。例如，在涉及拟上市公司做员工股权激励时，公司一般会在一些税收优惠的地区设立员工持股平台，员工持股平台的 GP（普通合伙人）大多数也是以公司的形式出现。①

法务在公司设立的过程中所起的主要作用有以下几点：

第一，自己办理。一般情况下，法务亲自出动去办理的情况比较少，除非事情紧急。我本人十年前曾经在内蒙古的鄂尔多斯市全程办理过一次，大概只用了两三天的时间就把公司设立全套流程跑完了（办理了营业执照、组织机构代码证、税务登记证、刻章、银行对公账户开户等）。当时办事远没有现在这么方便，比如当时“三证”（营业执照、组织机构代码证、

---

① 一些想要上市的公司在上市前要做员工的股权激励，为了税收筹划或便于管理，它们一般都会设立员工持股平台。持股平台注册地点有很多选择，比如一些文化娱乐类公司，过去经常注册在新疆的霍尔果斯或浙江的东阳等地，也有的选择注册在天津武清、山东青岛，甚至有注册在西藏的，主要还是考虑当地的税收返还和财政扶持力度。但据中介机构的朋友反映，最近一些地方已经取消了税收优惠政策。

税务登记证）还没有合一，营业执照需要去工商部门办理，税务登记证需要去税务机关办理，组织机构代码证需要去质监部门办理。尽管当时已经有了行政服务大厅，各机关服务窗口集中在一层，但是有些手续仍然要到相关机关找领导签字（如税务）。现在机构发生了变化，但总体上也不是太难的事，我们应该都可以克服。

第二，筛选中介代为办理。中介机构由于经常跑设立流程，收费也不是很高，关键时刻还能加快速度，故此现在很多公司在办理公司设立时都去找中介代办。找中介机构的三种方式有：一是自己找，一般市场监管局附近的办公场所就有很多代办中介，就像一般法院附近都有一些律所一样；二是熟人推荐，比如一些做私募或投资的朋友就对这些中介很熟；三是市场监管局或商务局老师推荐（这个往往是最靠谱的），毕竟如果在设立中出现问题，这些中介更容易与市场监管机关的老师进行沟通。我建议大家平时多备几个做事比较踏实的、比较有效率，也比较灵活的中介，以后没准儿能派上用场，为自己节省不少时间和精力。我自己因为以前多次办理过相关业务，故此与一些合作比较好的中介机构一直保持着联系。

第三，直接处理与商务、市场监管等部门的关系。如果是通过外地的商务主管部门（如商务局）招商引资进入当地的，就必须处理好跟商务局的关系。我们将新公司设立在某个地方，除了公司领导的通盘考虑之外，很多时候是为了享受当地的税收优惠政策以及补贴等，因此，都是企业与这个地方的商务局去谈。作为政府服务的一部分，商务局可能会有工作人员协调办理新公司设立事宜（包括推荐中介机构）。

我们在设立阶段打交道最多的当然是主管的市场监管部门。公司设立的时候常常会发生这种情况，设立的相关材料可能是你自己或律师起草的，比如公司章程、相关的决议等申请材料，但当你或中介提交上去之后，你会发现其实很多市场监管局的老师并不认可，他们一般只认可自己的那一套非常简单的模板。而这个时候，如果要用他们提供的模板其实是存在一定问题的（如一些投资人希望将投资协议、股东协议中的关键条款尤其是优先权条款等放到新的章程中），会有很多重要的信息没有体现出来。

当年我在外地设立公司的时候，设立相关文件都是找律师起草的，我们自己也反复修改过，但递交上去之后，市场监管局（当时叫工商局）的老师说什么都不同意，坚持只能用他们提供的模板。我一看他们给的模板比较差，里边甚至还有错别字，反复与他们沟通都不行，后来只好用了他们的模板，这是一个很无奈的例子。从市场监管局的老师的角度来说，统一的模板比较容易审核，不容易出现工作上的失误。我们自己起草的模板中，公司章程中权利义务的条款非常多，市场监管局的老师对公司成立的背景又不是十分了解，也担心出问题，所以对他们来说，用最简单的模板一刀切的做法最为保险。当然也不绝对，有一些地方的市场监管局的老师还是可以沟通的。

第四，法务一般直接负责公司设立的工作，在设立公司时的申请材料中有法定代表人、董事、经理、监事等人选，为了办事方便，领导有时会安排法务在这个时候顶上去。这里需要提醒法务朋友注意，在离职前务必进行变更，以免影响自己新公司的入职背景调查。

下面简单说一下公司设立的流程。从我刚工作时接触到外商投资企业的设立工作到现在，十几年的时间已经过去了，我最直观的感受是我国公司设立办理流程越来越便捷、高效。比如，十几年前三证没有合一，也没有行政服务中心①，需要跑很多地方。2015 年“三证合一”②，简化了流程。最近这几年又有了新的变化，以往需要去线下办理设立事宜，现在大多数工作都可以线上办理，而且可以同时办理。比如，提交申请材料、名称预

---

① 2000 年，浙江省率先进行了综合行政服务机构建设的试点，2001 年，《国务院批转关于行政审批制度改革工作实施意见的通知》下发后，全国各地陆续开始成立综合行政服务机构。2011 年 6 月 8 日，中共中央办公厅、国务院办公厅印发了《关于深化政务公开加强政务服务的意见》（下称《意见》），《意见》中指出，要逐步建立健全政务服务体系，要充分发挥服务中心［即政务（行政）服务中心］作用。

② 2015 年 3 月 20 日，李克强总理在国家工商总局企业注册局注册指导处考察，着重了解商事制度改革最难啃的“硬骨头”是哪块。负责人直言，是将工商、税务、质监的“三证三号”合并为“一证一号”。总理随后对相关部门提出硬要求：“三证合一、单一号码”改革年内务必实现。

核准、工商材料预审、印章（公章、财务章、发票章、法人章）申请、税务上线、社保、公积金等流程都可以线上办理，而且 1~2 个工作日内就能领取营业执照，不可谓不高效（以天津为例，图 3-1）。

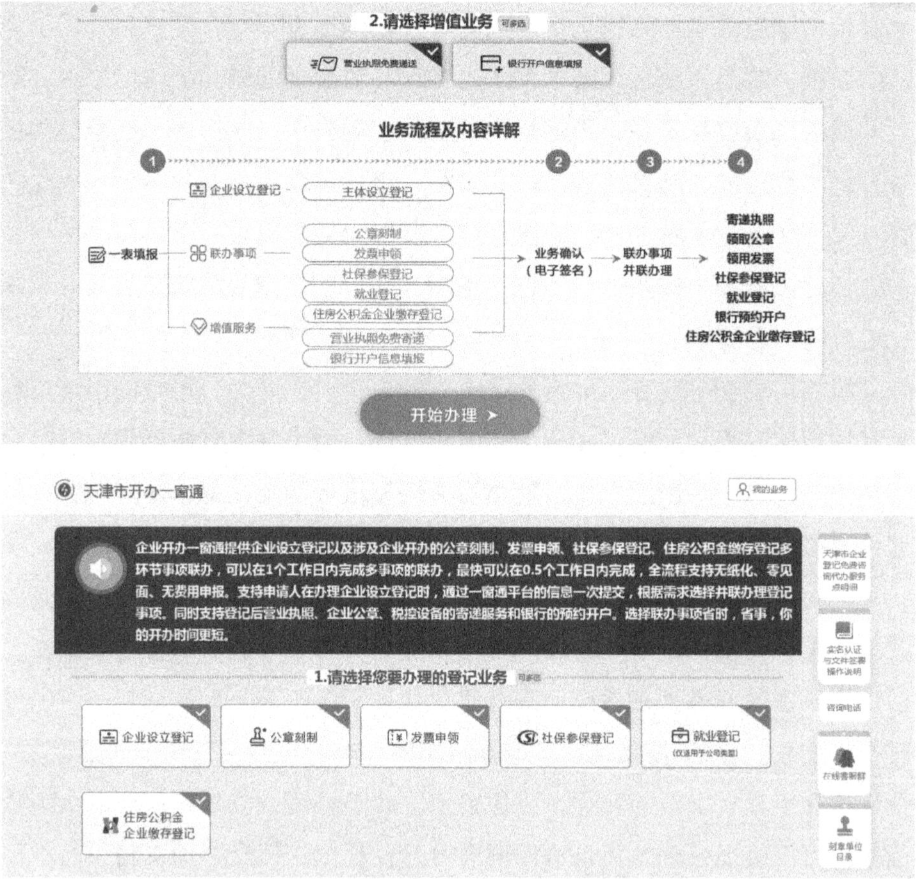

图 3-1　天津市营业执照办理流程

公司设立看似简单，实则不然。作为法务，在公司设立的过程中有一些务必注意的风险点。

- 公司名称。根据《企业名称登记管理规定》，公司名称应当由行政区划名称、字号、行业或经营特点、组织形式四个部分组成。在公司名称选取方面，法务应该征求公司主要领导的意见，按照以上组成部分进行设计，同时，需要事先给领导打个预防针，尽量多起几个名，核心的名称最好要四个字，因为两个字的名字极易因重名而导致核名不成功。法务人员要负责把关所选取的公司名称不违反《企业名称登记管理规定》《企业名称禁限用规则》《企业名称相同相近比对规则》等相关规定。多年以前，我在外地注册公司时，曾遇到一位浑身珠光宝气的民企老板。她任性地坚持要给自己的企业名称前加上“中国”，被工商局窗口工作人员当场拒绝。她竟然在行政服务中心撒泼，大吵大闹，不过最后吵也白吵。

- 注册资本。2013 年 12 月 28 日，第十二届全国人民代表大会常务委员会第六次会议审议通过了关于修改《公司法》的决定。即从 2014 年 3 月 1 日起，除 27 个特殊行业外，公司注册资本实缴登记制改为认缴登记制，并取消注册资本最低限额和验资。于是，注册公司无须登记实收资本，不再收取验资证明文件，申请企业登记不用再为注册资本发愁。尽管如此，这可不意味着注册资本可以随便写，因为认缴制不意味着注册资本可以“只认不缴”，而是应当在认缴期限以内缴纳完注册资金，并且应以认缴的出资额为限承担相应责任。此外，注册资本的大小反映了这家公司的资金实力和可以对外承担民事责任的能力。故此，对于登记的注册资本金额要根据行业及公司实际情况慎重确定，不能想着反正不用实缴就多写点以体现公司雄厚的实力，要知道，胡乱往多了写同样会面临法律风险。

- 注册地址。设立公司时尽量不用虚拟地址，比如房地产公司、餐饮服务公司，如果注册的是虚拟地址，在市场监管机关进行实地核查时，被发现不是实地经营，会被列入经营异常名录[①]，直接影响企业的声誉和日常经营。另外，注册公司的时候一定要谨慎选择注册地址，某些地址已经被列为工商异常，一旦在此类地址上注册公司，对公司的经营会造成不利影

① 笔者在作为法务进行维权时，常遇到侵权主体不在注册地址且市场监管部门工作人员也无法与公司联系人取得联系的情况。一般这种情况发生时，市场监管机关的老师会将这种公司列为经营异常。

响。如果是租用办公场所，法务务必对拟租用办公场所的权属情况、抵押情况、物业管理情况做好尽职调查。

• 股东人数。有限公司的股东人数不能超过 50 人，不建议股东过多，因为会影响公司决策效率。如果是为了员工持股，建议设立员工持股平台，避免出现将核心员工全部作为公司股东的情形。有的民营企业家不太了解这些，将核心员工变成公司股东后，出现了某些核心员工离职但拒绝做工商变更的情况。这些核心员工的想法是，如果他们离职后公司继续发展壮大甚至要上市，那么他们就能在对公司毫无贡献的基础上仍然享受公司增值的巨大利益。有的核心员工甚至不会一次性转让股权，而是分批转让，慢慢释放。真可谓是“公司发展你不在，公司发财你分一块”。

• 股权结构。在股权结构设计方面，法务一定要发挥自己的专业性，为公司保驾护航。有的公司股东平均分配股权（如工商登记注册股权各占 50%），导致公司股东会无法形成决议，使公司的经营陷入僵局。有的创始人出让股权过多，导致话语权越来越小，逐渐丧失了对公司的实际控制甚至被踢出公司。

• 公司章程。法务一定要对照以往公司的投资协议、股东协议等文件认真起草公司章程，不能随便使用市场监管机关提供的甚至是网上随便拷贝来的模板。否则，如果一些重要条款表决权以及分红事项等约定未能体现在章程中，很有可能出现公司章程与投资协议、股东协议约定相冲突的情形。在实践中，公司控制权争夺战频频发生，公司章程往往会成为决胜利器，所以务必重视。

2）公司登记事项变更

公司登记事项的变更也是公司在日常运营中较多发生的情况。在公司的名称、住所、经营范围、营业期限、类型、股东或股权、注册资本、法定代表人发生变化的情况下，需要依法及时做变更。公司董事、监事、经理发生变动的，或者是公司章程修改未涉及登记事项的，要及时做备案。以上情况发生时，作为法务人员一定要及时向领导汇报并进行变更或备案[①]，否则可能会有一定的法律风险。现在有的地方[②]进行工商变更可以采用线上方式了（图 3–2），变更全程电子化，可以线上提交资料，市场监管线上审核，非常便捷。

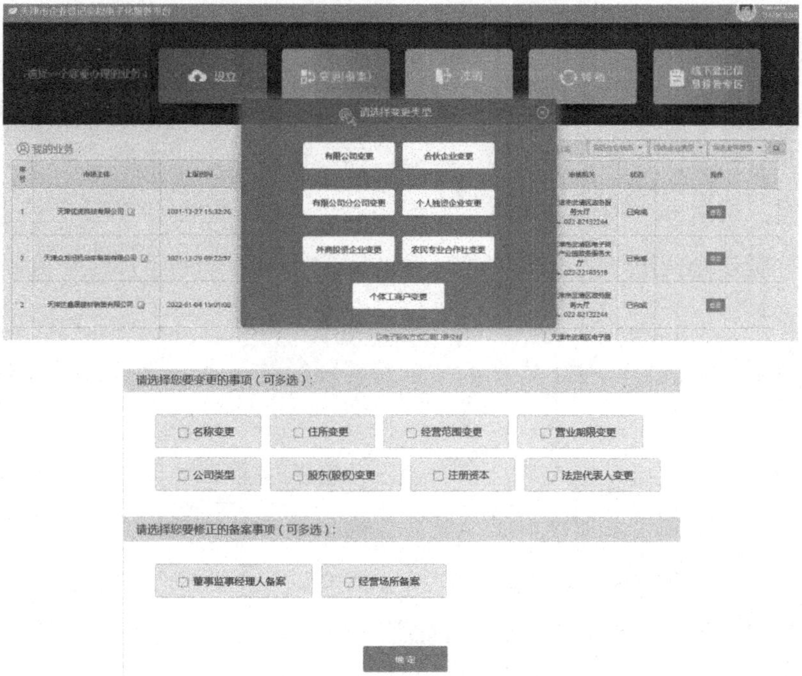

图 3–2　线上工商变更

---

① 2022 年 3 月 1 日起施行的《中华人民共和国市场主体登记管理条例》对变更的时限要求做了如下规定，第二十四条："市场主体变更登记事项，应当自作出变更决议、决定或者法定变更事项发生之日起 30 日内向登记机关申请变更登记。市场主体变更登记事项属于依法须经批准的，申请人应当在批准文件有效期内向登记机关申请变更登记。"第二十六条："市场主体变更经营范围，属于依法须经批准的项目的，应当自批准之日起 30 日内申请变更登记。许可证或者批准文件被吊销、撤销或者有效期届满的，应当自许可证或者批准文件被吊销、撤销或者有效期届满之日起 30 日内向登记机关申请变更登记或者办理注销登记。"第二十九条："市场主体变更本条例第九条规定的备案事项的，应当自作出变更决议、决定或者法定变更事项发生之日起 30 日内向登记机关办理备案……"

② 对是否全国的公司变更都可以在线上办理，我没有做过全国范围内的调查，故此为了严谨，只表述为"有的地方"。但是，根据原工商总局在 2017 年 4 月 10 日发布的《工商总局关于推行企业登记全程电子化工作的意见》（工商企注字〔2017〕43 号），"2017 年 10 月底前，各地登记机关要开通全区域、全类型、全环节的企业网上登记系统"。

有的法务朋友对公司变更中的风险往往没有意识。实际上，公司未及时完成变更登记或备案的，不但会面临罚款（虽然罚款金额不是很高，但是在工商信息上就算有劣迹了），而且严重情况下甚至会被吊销营业执照。

在实际工作中，比较多出现的是公司的注册地址与实际经营地不一致的情况。究其原因，可能是为了注册在某些园区以便享受园区的优惠政策，或者是其实也没什么优惠政策，就是公司规模壮大，原来的注册地址已无法满足人员对办公空间的需求，因此而搬迁，但是忽视了工商变更这个环节。尽管这个问题不是一个非常严重的问题，但是如果不注意也会给公司带来麻烦。

以下以实例介绍一下因注册地址与实际经营地不一致给公司带来麻烦的情况。

第一个例子是发生在我自己身上的。我当时刚入职某公司，入职后没几天，公司接到工商所老师的电话，说公司现在的办公地点与注册地址不一致，让公司派人去一趟工商所。我马上和工商所老师约好时间去了一趟，承诺尽快办理变更事宜。此后，工商所老师还特意来公司进行了现场调查。当时搞得公司上上下下非常紧张。

第二个例子是发生在我的一个法务朋友身上的。此事发生在 2020 年年初，她所在的公司本来注册地址是北京市朝阳区，但实际的办公地点是老城区的一个古色古香的大四合院。当时市场监管部门以及街道办的老师现场检查，发现公司工作人员坐得比较密集，再一看营业执照注册地址跟这里完全不一样。最终，不得不要求公司立即停止现场办公，不得在该地址继续营业。

再说一下公司章程的变更。如果公司处于初创期或发展早期，经常会涉及对外股权融资。在每轮融资时，会与投资人签署增资协议或股权转让协议、股东协议等文件。在这些文件中，存在不少保护投资人权益的条款，比如各种优先权条款等。很多投资人希望把这些条款体现在公司工商登记的章程里，以更好地保护自己的权益。但是实际上很多地方的市场监管机关对此并不认可，它们要求公司用它们提供的章程模板。因为如果不用它们的模板，那么每做一次章程的变更，它们都需要仔细审核变化之处。因此，我在行政服务中心排号等待办理变更的时候[①]，尽量找比较容易说话、比较面善的老师（具体窗口哪些老师比较好说话可以问中介）。然后，等他们审核时，坦诚地告诉他们，我们更改了什么条款，背景是什么，尽量跟他们讲清楚，打消他们的顾虑。毕竟，从他们的角度来讲，他们可能对一些投资方面的规定、惯例也不是十分清楚，这个时候我们就要耐心讲解，取得他们的信任，才能顺利地做好章程变更工作。

3）公司注销的办理

一般，当公司被主管机关吊销营业执照、责令关闭、被撤销或股东想要关掉公司的时候，就涉及公司注销的问题了。[②]公司注销一般涉及税务注销、市场监管注销、社保注销、海关注销、公积金注销等方面（图 3–3），我们这里主要说一下市场监管注销。现在，公司的注销也可以网上办理了。如果公司的税务、工商方面无异常，可以走简易注销流程，一般申请注销后在网上公示 20 日，就可以去现场办理注销了。如果是被市场监管列为异常的情况，要走一般注销流程，需要在网上公示 45 日，方可办理注销。此外，工商注销审核时需要先看税务方面的清税证明（市场监管局的老师在工商后台可以看到），才会为公司办理注销。

---

① 目前，工商变更可以线上办理。如果是自行上传的公司章程，市场监管工作人员会进行审核，如不符合要求可能予以驳回。当然，市场监管工作人员也会就此电话联系公司方面，因此，可以就公司章程变化的地方与市场监管工作人员进行具体沟通。

② 现行《公司法》相关规定如下，第一百八十条："公司因下列原因解散：（一）公司章程规定的营业期限届满或者公司章程规定的其他解散事由出现；（二）股东会或者股东大会决议解散；（三）因公司合并或者分立需要解散；（四）依法被吊销营业执照、责令关闭或者被撤销；（五）人民法院依照本法第一百八十二条的规定予以解散。"第一百八十二条："公司经营管理发生严重困难，继续存续会使股东利益受到重大损失，通过其他途径不能解决的，持有公司全部股东表决权百分之十以上的股东，可以请求人民法院解散公司。"

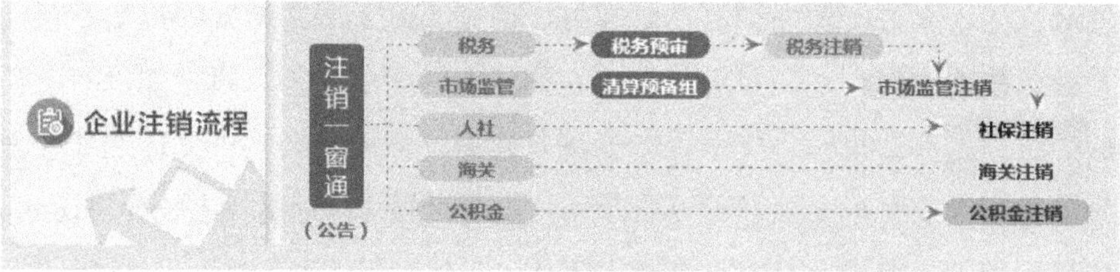

图 3–3 企业注销流程

3. 合规管理

下面我们谈一下合规管理。在我刚从某四大会计师事务所离开，从做税务转型做法务的时候，有一次和一位在金融机构做法务的朋友吃饭，他问我在公司里是做法务还是合规，我反问他："首先，你告诉我什么是'合规'；其次，合规和法务有啥区别？"他听过之后不禁哑然失笑。

因为一般公司尤其是规模比较小的公司，本身法务人员就很少，一般的合规工作是包含在法务 BP 的工作中的（如在参加项目论证和起草审阅合同及其他文件的时候，其实就已经考虑到合规的问题了），因此并无专门人员处理合规事宜。即使是设置专门负责合规工作岗位，各公司也是不一样的。有的公司合规的管理是放在法务部门下面作为一个部门或多个部门去负责的（因为合规工作其实分得很细），而很多金融类的公司（如商业银行），一般它们的法务和合规是分开的，可能是因为合规工作更为重要和繁杂，或者是监管机关的要求①，所以需要作为一个部门单独设置。

所谓"合规"中的"规"，是指法律规定（甚至包括他国法律、国际条约等）、政策、监管机关的要求以及公司内部制度的规定，而"合规"

① 例如，在中国保监会关于印发《保险公司合规管理办法》的通知（保监发〔2016〕116 号）中就指出，各保险公司应当按照本办法的要求，设置合规管理部门、合规岗位，并配备符合规定的合规人员。

就是为了保证公司的业务经营行为符合上述规定及要求。[①]有的法务朋友认为，合规只负责处理特定领域的事务，通常有反腐败、反贿赂、反垄断、反不正当竞争、网络安全和数据保护、出口管制、利益冲突以及跟这些领域相关的第三方管理和招投标管理。金融行业的合规部门至少还得再加上一项工作——反洗钱。因为“规”太多，且不同行业、不同所有制性质（如国企、外企、民企等）、不同规模、不同发展阶段的公司所面临的合规工作和要求简直是千差万别，我看了不少合规的专著和课程，深深感觉大家对合规工作外延的理解极其不一致，真是“‘合规’是个大箩筐，什么都往里装”。

下面就我对合规工作的理解及职场经历，具体谈一下合规工作。

1）一般合规工作

大家在法务工作中经常遇到的合规工作，被我称为“一般合规工作”，包含业务论证合规、业务资质合规、合同与其他文件的起草及审核合规、知识产权合规等等。

- 业务论证合规，是指公司业务部门在将要从事新的业务的时候，为了论证业务的收益、风险以及商业模式的可行性，一般都会进行相关的讨论，法务有可能会参与并在其中发表合规专业意见。当然，有时是以开会的形式征求法务意见，有时是通过邮件或即时通信工具来征求法务意见。在有的互联网大厂，法务的意见至关重要（尤其对那些风险厌恶型的领导来说），甚至决定业务的项目是否可以推进下去。

当然，业务也并不一定什么事情都找法务商量。我的建议是，我们法务平时应该跟业务同事建立比较融洽的工作关系，并积极参加较为重大的业务决策的会议或介入流程之中，这样能在很早的阶段就介入业务的发展

---

① 关于合规的官方定义，可以参考《商业银行合规风险管理指引》《保险公司合规管理办法》《证券公司和证券投资基金管理公司合规管理办法》《中央企业合规管理指引》《企业境外经营合规管理指引》。

当中，为他们拟进行的某项或某几项业务行为是否符合法律规定、监管的要求，或者是未来可能出现的立法上的趋势进行判断把关，以最大化地减少相关业务可能会带来的法律风险或妥善地把控好风险，为业务部门乃至公司保驾护航。

我有时跟业务同事开玩笑说，如果把法务比作医生，那么业务应该在身体刚有症状甚至自觉健康时就找我，而不是等到进了 ICU 全身插满管子时才找我，那时恐怕就无力回天了。在我个人的职场经历中，我认为其实很多法务朋友的问题不在于他不懂法律或政策规定，而在于他的第一个问题是跟业务的同事离得太远。他可能并不习惯经常去业务那里找业务聊或主动地参加业务讨论以及业务重要会议。他可能认为这些都是业务和运营的事情，由业务和运营部门负责即可，跟自己没有什么关系。对这些被动型法务朋友，我建议他们尽可能多地跟业务同事走动，多去了解他们的想法和需求，并建立比较密切的信任关系，这不论对于你处理好法务的本职工作，还是更深刻、透彻地理解业务都是非常有好处的。

我在某公司做法务的时候，我们有一款知名的手机 App 产品，它能通过蓝牙在不同的手机之间传输内容（如音乐、图片、视频等），当时在细分市场排名第一。可能现在大家对这款产品没有什么感觉，毕竟我们国家的网速还是比较快的，传东西很方便，但是当时在一些基础通信设施欠发达的国家，如俄罗斯、印度以及东南亚各国，它们对这种 App 产品还是非常需要的，甚至可以说是刚需。故此，公司业务团队想要拓展上述国家的市场。但他们对个人信息存储、数据隐私方面有很大顾虑，不知道所在国当地法规及政策的要求。为了支持业务海外拓展的计划，在我的主持下，我们调动了集团公司及法务部在俄罗斯、印度以及东南亚各国的同事及律所资源，多方沟通后汇总专业意见及建议并及时反馈给业务侧，业务领导及同事对此表示非常满意。

- 业务资质合规。对很多行业性质特殊的公司来说，想要从事该行业的业务，前提是必须申请并持有相关的资质。金融行业的牌照自不必说，仅以经营电商业务为例，可能会涉及以下资质：网络文化经营许可证、增值电信业务经营许可证、信息网络传播视听节目许可证、互联网出版许可证、出版物经营许可证、出版物网络交易平台服务经营备案证、互联网药品信息服务资格证、医疗器械网络交易服务第三方平台备案、网络食品销售第三方平台提供者备案、网站公安备案。[①]面对这些应取得的资质，如果法务稍有疏忽或遗漏，就会造成业务“裸奔”，进而面临处罚甚至业务被取缔的后果。对于合规法务而言，每项新业务的开展，都要先审视现有业务资质是否覆盖和支持，如果不能涵盖且需要新的资质，那么一定要及时摸清楚新业务需要什么资质（可以对标竞争对手或同类型公司的资质，一般在公司官网可以看到）、如何申请、申请所需时间及费用等信息，及时与业务同步并向领导汇报。对新加入某公司做法务的朋友来说，上任伊始很重要的一项工作就是盘点公司现有业务资质管理的情况，如果发现公司有的业务处于无资质“裸奔”状态，要赶紧向领导及业务侧汇报，尽快启动申请事宜。

- 合同与其他文件的起草及审核合规。这部分与合同起草及审核工作重合，后文我们会详细讲到。

- 知识产权合规。这里主要指法务对公司在经营中知识产权的运营管理行为可能涉嫌违法风险的管控。后文我们会讲几个相关的例子。

商标的申请中涉及较多的合规工作，比如公司领导非要将自己的手机产品注册“老子”“孔子”商标，再如有的公司领导想要把某位世界级艺术大师的绘画作品注册为商标。后文会详述。

著作权领域也同样涉及很多合规工作。我相信很多公司都被一些国际知名办公软件公司甚至是字体公司、图片公司（以下简称“维权公司”）“骚扰”过。这些维权公司具有一定的技术手段，可以查悉自己软件的使

① 详情大家可以自行去各大电商网站官网首页最下方查阅。

用情况（虽然不一定很精确），当然，很多公司也会习惯性地在自己的官网招聘频道或招聘网站的岗位要求中注明“熟练掌握 ×× 办公软件”，这往往被维权公司作为维权时的证据之一。尤其是当公司具有一定知名度，比如要上市前夕，那么大概率公司会被维权公司找上门来要求“正版化”。

公司初创时，大家或者没这个意识，或者为了节省办公成本，所以没把办公软件正版化当回事，但当公司做大了、知名了，维权公司闻风而动，律师函“纷至沓来”。从心底讲，我完全支持正版化，但是这种表面维权实则营销的行为在应对时也需要一定的“砍价策略”。“砍价策略”是指对方报价一般较高，我们可以找关系，了解其他公司合作的价格以做到心中有数，也可以查找相关判决，因为一般判决的赔偿标准都不高，很有参考价值。在此基础上与对方多次砍价，以便达到一个可以接受的价格。要知道即使与对方签订购买协议，也不是一锤子买卖，因为办公软件基本上是每年都要采购的。如果公司员工众多，该项支出也不小。所以，除非该办公软件无法替代，可以考虑全部换成国产软件（如金山 Office）。此外，公司如果有对外宣传部门或外聘宣传中介，一定要让它们确保宣发材料的字体、图片不侵权，可以用一些免费字体，否则维权公司正磨刀霍霍，而律师函正在路上呢。

对一些内容类的公司，版权合规就是生命线。我曾劝某内容提供商领导要确保内容授权规范，结果他脑袋摇得跟拨浪鼓似的，还怼了我一句“能把没版权的内容卖出钱来才是本事”，颠覆了我的三观。后来，他的公司被众多权利人“围攻”，导致融资、上市等操作都折戟沉沙、功亏一篑。现在他的公司只剩半口气，处于苟延残喘之中。再次见面，我发现他的头发掉得跟他的业务一样光秃秃的。

- 广告法律合规。江湖中流传着这样一句话——广告千万条，合规第一条；宣传不规范，品牌两行泪。

针对社会上不规范的广告行为，我国《广告法》近年来经过修订后愈加严格，在日常的广告宣传中稍不注意，就可能触犯广告相关法律规定。比如，极限用语（如国家级、世界级、最高级、最佳、最大、第一、唯一、首个等）禁用词的处罚由原来的退一赔三变更为罚款二十万元起，不得利用不满十周岁的未成年人作为广告代言人，明星代言产品必须是明星真实使用过的，一些特殊行业如烟酒、教育培训、房地产等行业也有相应的广告内容规范，等等。运营相对规范的公司里的法务会对广告合规更重视一些，一些小公司的领导和法务可能不具有这样的意识。比如，我有个朋友的公司，在自己官网上宣传公司时使用了极限用语（“业内第一个”）而被市场监管部门约谈并出具罚单，后来了解到他们公司是被举报的——记住，你的竞争对手比你更关注你公司的成长。

2）特殊合规工作

在一般小规模公司中不太涉及的合规工作，被我称为“特殊合规工作”。特殊合规工作包括反贪污贿赂合规、反洗钱合规、反垄断合规、刑事合规、进出口管制合规、数据隐私保护合规等等。

- 反贪污贿赂合规。“乱花渐欲迷人眼”，在大平台工作，很多员工尤其是高管在平台的加持下容易迷失自我，错把平台投射到自己身上的光环当作自己的光芒，进而突破了“不要对公司的钱和异性同事做出非分之举”的底线，自然没有什么好下场。简要来说，反贪污贿赂合规工作一般包括制度流程设计、专门机构负责等等。在制度流程方面，很多公司在入职培训中就对公司的反腐制度进行了培训，并且会定期或不定期通过内部邮件通报公司近期反腐的进展和成果，公司员工经常能看到一些员工甚至是高管被开除或锒铛入狱的消息，可谓触目惊心。另外，我们在公司对外签订的合同中，也会看到反腐条款或单独的声明书。

专门机构负责方面，较小规模的民营企业一般不存在反腐部门或岗位，企业老板一般秉承着“水至清则无鱼”的理念，除非一些下属做得实在过分才会痛下杀手。而在较大规模公司的合规工作中，反贪污贿赂就显得十分重要，故此一般设置专门部门进行管理。比如，阿里巴巴在 2009

年正式成立“廉政部”（坊间称为“锦衣卫”，听着就吓人）[①]，同样地，腾讯、华为等大公司在打击腐败方面同样毫不手软[②]。当然，较大规模的公司即使设置了反贪污贿赂岗位，在不同公司也不一样，有的隶属于法务部门，有的则是独立部门。我的某前东家的反腐职能就属于法务部门。法务部门会有一两个同事在兼职（并非专职）负责反腐，如接受举报、负责调查并给出处理意见。个人认为，由法务部门来负责反腐力度要弱一些，反腐更多地要联合内审（Internal Audit）等部门一起参与，毕竟证据更重要（我所知的有个贪腐的总裁最终还是被内审人员实锤后一举拿下的）。

对美资企业以及国内一些大型企业，《反海外腐败法》的大名可谓如雷贯耳。《反海外腐败法》也叫《反海外贿赂法》，简称 FCPA（Foreign Corrupt Practices Act），该法于 1977 年制定，旨在限制美国公司利用个人贿赂国外政府官员的行为，并对在美国上市公司的财会制度做出了相关规定。[③]但实质上，FCPA 的管辖范围可不仅仅是美国国内的主体

① 蒋芳（阿里巴巴“十八罗汉”之一）被马云委任为反腐部门的负责人，主要职责就是调查腐败以及预防管理。这个部门独立于任何领导控制之外，也就意味着他们的调查权限上不封顶。曾任职阿里影视总裁的杨伟东、阿里原 CEO 卫哲和聚划算原总经理阎利珉，还有人力资源部原副总裁王凯，以及合一集团原优酷副总等七个高管，通通被蒋芳亲手送进监狱。参见《阿里“反腐女王”蒋芳，追随马云 23 年身价 40 亿，曾送进去 7 位阿里高管》，https://new.qq.com/omn/20210810/20210810A0A8QP00.html。

② 根据腾讯集团反舞弊调查部官方公众号“阳光腾讯”发布的“腾讯集团反舞弊通报”，2019 年第四季度至 2021 年 2 月，腾讯反舞弊调查部共发现查处违反“腾讯高压线”案件 60 余起，100 余人因违反“腾讯高压线”被辞退，40 余人因涉嫌犯罪被移送公安机关处理。参见《不光腾讯，整个互联网行业都在重拳反腐》，https://baijiahao.baidu.com/s?id=1690649231914662132&wfr=spider&f.or=pc；2017 年 12 月，华为消费者业务中国区原销售主管腾鸿飞因涉嫌非国家工作人员受贿罪，已经被公安机关采取强制措施。参见《华为反腐再下狠手！消费者 BG 高管涉嫌受贿被调查》，https://baijiahao.baidu.com/s?id=1587851726509562736&wfr=spider&for=pc。

③ 单纯美国自己的公司反腐无疑会降低美国公司在海外的竞争力，因此美国极力影响其他主要资本主义国家也颁布相应的法律，如英国颁布了号称世界上最严厉的反腐败法——《反贿赂法》（罚金无上限）。

（个人或单位）、在美国国内的发行人（美国上市公司、其他需要定期向美国证券交易委员会提交报告的主体等）或在美国境内亲自或者代理实施的行贿行为，由于美国傲慢任性的“长臂管辖”司法霸权实践，导致很多的实体或行为都在 FCPA 的管辖范围中，比如在美国上市的外国公司、接受美国投资机构投资的公司、用美元结算、通过美国银行汇款、途经美国等等。对在国内的中国企业，除了要遵守国内关于反腐败的相关规定，也要根据实际情况判断业务经营是否涉及外国反腐败法律的管辖。这就要求企业建立相应内部合规制度并渗透到企业的文化中，定期对员工进行培训及宣贯，加强违规行为监督与举报，并对发现的违规行为进行严厉打击。

对外企尤其是美资企业，宣贯与执行《反海外腐败法》早已成为公司法务部门的核心工作之一。十多年前，我在外企做法务的时候就接触到了这些。我当时参与组织了相关培训，还要在员工接受培训后督促他们签署培训证明文件（图 3–4）。同样地，对于供应商，我们也会向它们发出 Notification Letter（通知函），以确保它们了解公司制度。此外，公司对外招待等事宜还需要法务部门审批（法务会依照 FCPA 及公司反贿赂政策重点审核招待对象、目的及金额等）。[①] 公司中国区还设置有一个反贪投诉举报的邮箱，归法务管理（当然就是我管。我也是从举报信中得到了某些员工甚至是领导贪腐的消息，令我大跌眼镜）。但是，坦率地说，当时公司执行 FCPA 的条款有点过于僵化，也造成一些不便，下面略举几例。

---

① 但也存在一个问题，即法务部门当时承担了很多维护政府关系的职能，法务自己对外送礼却自己审批，又明显不符合公司内控的规定。

[redacted]反海外腐败法政策

致：[redacted]中国区全体高管及员工：

[redacted]公司一直坚守道德和诚信原则，我们的核心价值理念决定了业务经营的模式。每天为员工、客户、供货商以及社区的福祉而正确行事，是我们不断取得成功的关键要素。

我们每天坚持做到公平和一致，遵守相关法律规定，并将需要纠正的事项告知相关人士。在需要如此行事之时，我们的《[redacted]反海外腐败法政策》及其附录将为您提供指导，助您做出正确的选择。请仔细阅读本政策。阅读这些材料时，请记住它不仅仅是一份政策通知函，还是我们必须遵守的政策精神。

如发现公司价值理念或守法状况存在问题，请将情况告知您的经理、人力资源经理、法律部和/或企业合规部。如您愿意，亦可将发现的问题通过举报电话10-800-[redacted]（中国北方）；10-800-[redacted]（中国南方）进行匿名举报。

在共同工作过程中，我们将维系公司价值并确保[redacted]公司的成功。

谢谢！

谨致问候！

[redacted]中国区总裁 [redacted]

CERTIFICATE OF ATTENDANCE AND COMPLETION FOR [redacted] ASSOCIATES

[redacted]员工参加并完成培训之证明

I certify that:

本人证实：

1. I attended a training session held at the [redacted] Office in Beijing on Feb. 12th, 2009 for Finance Department associates, concerning [redacted]'s Foreign Corrupt Practices Act and Anti-Bribery Policy, (collectively, the "[redacted] Policy"). At the training session, I was reminded that the [redacted] Policy is available on [redacted] intranet. I certify that I have read, or that I will immediately read if I have not done so, the [redacted] Policy. I understand that I have the responsibility to fulfill the [redacted] Policy and to make sure that the associates who I supervise fulfill the policy. I also certify that I will contact the Compliance Department or the Legal Department in the Store Support Center in [redacted] if I do not understand the [redacted] Policy or if I have any questions about the policy.

   本人参加了[redacted]办公室在北京于 2009 年 2 月 13 日举办的针对财务部员工的关于[redacted]《反海外贿赂法》和《反贿赂政策》（以下合称"[redacted]政策"）的培训课程。在培训课程中，公司提醒本人[redacted]政策适用于[redacted]企业内部互联网。本人保证已经阅读[redacted]政策，或者如未阅读[redacted]政策则将立即阅读。本人理解，本人有责任遵守[redacted]政策，并确保本人所督导的同事遵守该政策。本人亦保证，如果本人不理解[redacted]政策，或是对该政策有任何问题，本人将联系位于[redacted]的合规部或法律部。

图 3-4 员工参加培训证明截图

当时，公司制定的反贿赂政策规定对外招待的金额标准为人均 50 美元（图 3–5），大概相当于人民币两三百元。坦率地讲，其实这笔钱什么高端大气上档次的东西也买不了。有一次，某直辖市的市委书记接见了公司的总裁，其中有一个重要环节是宾主双方互赠礼物。总裁因为受限于《反海外腐败法》，故此用公司的一条崭新围裙包了一本公司创始人自传就送给市委书记了。书记并未在意，回赠了一个相对体面的礼物。这个场面搞得我们负责政府关系的同事尴尬到想找个地缝钻进去。公司确实是在反腐败方面执行得非常好，当然，这也导致了他们在一些拉美国家市场的开拓情况非常不好，因为在一些拉美国家的很多地方，不给官员行贿事情就没法推动。我入职的这家外企挺有骨气，宁可业务不做，也不会给官员贿赂。比如，在墨西哥，当地官员多次找碴儿且趁机索贿，而当地门店的负责人明确地说，你告诉我们哪里做得不合规定我们就整改，直至整改到你们满意为止。整改到最后，把那个贪腐官员都给整没脾气了。

例如：

您负责在X国开设一家店。当地消防条例要求某些易燃产品需要储存在一个特殊区域。但倘若你要修建一个新的存储设施，这家商店将不能按照原计划按时开放。当地官员告诉您，如果给他一笔小的款项作为回报，他就可以签发消防许可证，而不再需要商店满足消防条例的要求。在这种情况下，您切不可支付这笔

3

款项，并应立即向合规专员报告。

什么款项的支付是本政策所允许的？

如果不违反《海外反腐败法》，您可以向某外国官员支付费用。这些情况非常有限的，而且取决于您业务所在的国家。一般来说，除非您的健康或安全正处于危险之中，或者您支出的款项不足 50 美金，否则您所做出的向外国官员，外国政党或任何您所知道的可能会转送给外国官员的任何支付，都应该与合规专员进行协商。下面举例说明本政策可能会允许的付款：

图 3–5　公司政策部分内容截图

• 反洗钱合规。洗钱是指通过将犯罪活动（一般是指毒品、黑社会性质的组织、恐怖活动、贪污贿赂、金融诈骗等犯罪活动）所得现金或其他资产混入金融机构或非金融机构重新进入合法经济的行为。我国早在1997年的《刑法》中就规定了洗钱罪，在2003年及其后更是建立了专门的反洗钱行政主管部门，2006年颁布了《反洗钱法》，2013年、2014年陆续颁布了《金融机构洗钱和恐怖融资风险评估及客户分类管理指引》《涉及恐怖活动资产冻结管理办法》《金融机构反洗钱监督管理办法（试行）》。对在金融机构工作的法务朋友，反洗钱工作尤为重要。但并不是只有在金融机构工作才涉及反洗钱工作，根据《中国人民银行办公厅关于加强特定非金融机构反洗钱监管工作的通知》，一些特定的非金融机构（如房地产开发、销售、中介行业，贵金属交易所、交易商，会计师、律师、公证机构，公司服务提供商等），也要重视反洗钱工作。

对负责反洗钱工作的法务朋友来说，一般的工作要求是：根据反洗钱法律法规及监管规定的要求，完善落实反洗钱工作，指导各业务部门、分支机构开展反洗钱工作，支持反洗钱监管沟通及监管报告反馈工作；制定与完善内部反洗钱配套制度与流程，推动公司反洗钱标准化及流程化建设；熟悉监管部门各项反洗钱政策制度要求，能就日常产品业务及合同及时进行反洗钱合规评审；开展对各业务部门、分支机构的反洗钱合规自查工作，跟进缺陷问题；根据反洗钱法律法规及监管规定的更新情况，及时对各业务部门进行法规解读，并追踪落实等。

• 反垄断合规。我国反垄断法规制的垄断行为主要有经营者达成垄断协议（横向垄断协议、纵向垄断协议），经营者滥用市场支配地位，具有或可能具有排除、限制竞争效果的经营者集中。[①] 反垄断工作在一般中、小规

① 横向垄断协议，如2014年汽车零部件制造商串谋投标，被罚款12.35亿元。纵向垄断协议，如2013年九家婴儿奶粉制造商维持转售价格被罚款6.69亿元。滥用市场支配地位，如2021年阿里巴巴的“二选一”案（限制交易相对人只能与其交易），被罚款182.28亿元。

模的公司较少涉及[①]，因为只有成长为业内举足轻重的企业才会涉及这项工作。作为法务（律师也一样），极少有遇到这类工作的。我有一位朋友原来在某互联网巨头法务部从事反垄断相关工作，他曾在与某业内知名竞争对手的死磕中一战成名。而当他刚出来做律师时，竟然接不到反垄断的案子，因为这类案件业务量太小了，他的律师生涯第一单接的竟然是交通肇事的案子。

在较大规模的涉及反垄断工作的公司，有的将反垄断合规放在法务部下面管理，有的则独立出来作为一个部门管理。反垄断工作主要包括：业务反垄断风险合规（如互联网公司应用商店是否对其他公司的应用反应缓慢，但对自己公司的 App 反应迅速，这会涉及差别待遇问题）；对非常规事项，如反垄断执法、突袭的培训及应对；如果公司是上市公司，对证券交易所的发函、回函；进行反垄断申报；举办、参加相关会议，与业内专家、学者、官员进行沟通，了解监管态度和动向等。对我国的业内巨头而言，不仅要考虑来自国内的反垄断监管风险，在境外开展交易或业务时，还要充分考虑当地的监管风险（尤其是美国、欧盟、日本、韩国、印度等）。

- 刑事合规。近些年来，企业家和企业的犯罪呈上升趋势，其中民企、民营企业家面临的刑事风险概率更高。企业及企业家面临的刑事风险一般包括腐败类犯罪（如单位行贿罪、受贿罪、非国家工作人员受贿罪）、非法侵占公司财产类犯罪（如职务侵占罪、贪污罪）、非法经营类犯罪（如非法经营罪、假冒注册商标罪）、非法融资类犯罪（如非法吸收公众存款罪、集资诈骗罪）、非法结算类犯罪（如虚开增值税专用发票罪[②]）、欺诈类犯罪（如合同诈骗罪、贷款诈骗罪等）、证券类犯罪（如内幕交易、泄露内幕信息罪）。

---

① 中、小公司并非不涉及，比如中、小公司有可能因为参加行业协会沟通产品定价的行为被监管机关认定为合谋定价行为。因此，中、小公司也需要请律师做反垄断合规。

② 几年前，我认识的一对民营企业家夫妇就因为涉嫌虚开增值税专用发票罪被逮捕，当时企业正在上市进程中，差点因此而终止。

法治是最好的营商环境。近年来，检察机关提出鲜明的司法政策：在办理涉民营企业案件时，依法“能不捕的不捕、能不诉的不诉、能不判实刑的就提出适用缓刑的建议”。在这个大背景下，2020年3月，最高检启动涉案违法犯罪依法不捕、不诉、不判处实刑的企业合规监管试点工作。按照最高检部署，2020年10月中旬，浙江省检察院也开展了企业经济犯罪刑事合规法律监督试点，对涉嫌走私罪，妨害对公司、企业的管理秩序罪等八类经济犯罪被移送审查起诉的市场主体，如符合起诉条件，且自愿认罪认罚，并承诺开展刑事合规建设与接受考察，则可视情况作相对不起诉处理。2021年3月，最高检决定扩大试点范围，部署在北京、上海、江苏、浙江等十个省市开展为期一年的第二期试点工作。因此，公司制定有效的刑事合规计划并予以贯彻执行能够规避可能遇到的企业及企业家刑事风险。作为公司法务，在企业刑事合规方面可以发挥作用的地方有很多，比如将企业在运营中需要遵守的法律、法规根据企业实际情况转化为企业内部制度与规范，设置专门部门或专门岗位负责这部分合规工作，做好合规的培训、教育、监督以及对违规行为的惩戒及制度漏洞弥补工作，等等。

- 进出口管制合规。像曾轰动一时的华为CFO（首席财务官）孟晚舟女士被加拿大当局代表美国政府扣留事件，就与进出口管制有关。有对外贸易业务的公司（尤其是军工、军民两用、半导体、国有企业、大型民企、美国上市中概股公司等），尤其要关注对外贸易往来可能涉及的进出口管制合规风险。前不久，就有一位被美国列入实体清单的企业的领导找到我咨询对策。这家公司是上市公司，体量还算大的。最近，也有一家规模较小的国内芯片非上市公司的朋友联系我，请我帮助更新他们的销售协议。该销售协议中也是涉及了不少进出口管制有关条款。对于公司对外贸易金额较大、合规风险较高的，建议设置专岗乃至专门的团队，规模较小的可以外聘较为专业的律师协助（如果涉及美国法，一般用的是外国律所，如Hogan Lovells、Sidley等；国内的红圈所和一些大所在美国法领域服务水平差别不太大）。

• 数据隐私保护合规。目前，随着我国相继颁布《数据安全法》与《个人信息保护法》，我国的数据隐私保护力度大大增强。这对众多互联网公司和有互联网产品或渠道的公司来说，合规风险无疑加大了。很多互联网大平台都配备了专门的人员负责这部分工作。举个例子，公司某款手机App产品要上线一项新的功能，这项功能是否涉嫌侵犯用户个人隐私的问题就要由数据隐私合规人员予以解答并给出专业意见。数据隐私保护合规工作最核心的问题其实是实操问题，而这需要与工信部、网信办等主管部门的老师建立联系并进行密切沟通，掌握监管尺度并根据主管部门老师的反馈进行相关产品的修改，而不是闭门造车或简单copy（复制）一些工作流程或制度就可以解决的。

4. 合同管理

下面我们谈一下法务工作的重头戏和传统项目——合同管理。合同管理工作大体上可以分为三个部分：第一部分是合同起草，第二部分是合同审核，第三部分是合同归档。

开始叙述之前，我们先强调一下合同工作的重要性以及分工。合同工作无论在哪家公司，都应该是最重要的，因为合同不仅是公司日常经济生活与活动的记录和凭证，还是公司之间权利义务责任的有效约束手段。我们再说一下合同工作的分工。并不是说只要你去了公司做法务就一定会审合同，这是不一定的。在一些小公司，因为法务人很少，故此大家都是综合性的法务，诉讼、非诉什么都做，所以你可能会有起草、审核合同的机会。甚至有的小公司都没有设置法务，那就是财务、行政或业务人员来审合同，当然这样专业性可能就稍微差一些，因为毕竟人家不是法律科班出身。

在比较大的公司或平台中，法务人员很多，故此法务职能也分得很细致，在这种情况下，负责合同起草和审核的一般是法务BP。这些法务BP平时是最贴近业务的，业务经常找他们起草、审核合同，也经常探讨有些业务到底能不能做，法务 BP 都会给一些专业建议。正因为与业务的合作如此紧密（很多业务人员甚至以为只有法务 BP 才是法务），在大平台中，其他法务人员若想贴近业务一线，还真离不开法务 BP 的帮助。

1）合同的起草

合同分为中文合同和英文合同（因为稍微做大了一点的公司，可能都涉及跟海外的公司签订合同，大多数都是英文合同）。我们先说一下中文合同。我把起草中文合同的思维框架概括成以下几点，方便大家理解：

第一点，懂背景。什么叫懂背景？就是一定要弄清业务同事的真实需求、商业模式和交易结构，这是最基本的。比如，业务同事找过来了，说现在法务需要起草一份合同，那么你需要跟他沟通的第一个问题就是起草合同的目的是什么、他在这份合同中有哪些诉求、他的商业模式和交易结构是怎么样的（就是双方为了实现交易目的，都做出哪些商业行为，为这些商业行为付出哪些对价等）。

第二点，抓重点。通过前一阶段跟业务同事的反复沟通，你一定要列出业务最关注的那些关键性的条款，并且用法言法语把它们描述出来，这些就是整个合同中的核心条款了。在起草之后，你可以发过去跟业务同事再进行确认，因为有时候可能你理解得会有一定的偏差。在跟业务同事反复沟通确认之后，相关条款就应该比较准确了。

第三点，找框架。找框架是什么意思？如果协议文本是对方提供的，我们直接审核就是了，这里说的是由我方提供合同模板的情形。让刚工作不久的法务朋友比较头疼的就是合同模板的来源。

我认为，合同模板来源有这样几个方面：

一是业务同事提供。比如，你新到一家公司的时候，或者新开展一项业务的时候，那么你对业务的理解一般是达不到业务同事的水平的。他可能在这个行业里工作好多年了，而你在他面前基本上就是“新手上路”，你的法律知识和经验会比他多一点，但是与他相比，你对这个行业的理解还是较为肤浅的。所以，一般在这种情况下，我们会请业务同事提供合同模板供我们参考。比如，以前我起草过手机应用商店的合作协议，但在此之前我甚至都没有接触过移动互联网行业，因此，我主动向相关业务同事请教，并询问他们手中是否有相关的协议模板。他们确实有，也提供给了我，这样给彼此都节省了好多时间。最近这几年，短视频、达人经济还是比较火的，我对这方面以前接触甚少，因此我就跟业务同事要了短视频、达人相关的合同模板，在此基础上根据业务侧的需求进行修改。

二是如果业务同事也确实没有模板，那么你可以求助于其他的法务同事或律师。

三是如果其他法务同事、律师也没有，你可以去看一看网上的资源（当然，网上的资源大多数不是很专业），可以参考法律出版社出版的《中国合同库》系列丛书以及“法天使”网站上的合同范本（上面的合同不仅较为专业，而且对合同的一些重要条款还有解释，不过需要付费）。

四是如果实在找不到模板，就只能自己去草拟了，可以找一份性质与我们想要做的交易最相近的合同，然后以它为蓝本进行修改。

其实，不管有没有模板存在，在起草合同时，脑海中一定要有合同的架构。合同的架构一般可以粗略分成以下几部分：首部、鉴于条款、商业条款、权利义务条款、支付结算条款、保密条款、违约责任条款、不可抗力条款、协议期限及终止条款、争议解决条款、协议生效条款等。

第四点，入模子。入模子就是你要把之前跟业务同事确认好的关键性条款放到已经有的最合适的模板内，并替换掉原有相应条款或做相应的修改。替换或修改后，要反复审查替换后的条款与原有的其他的条款之间有无冲突或不一致之处。如果有前后引用或呼应的条款，或者权利义务约定不一致的条款，要及时予以修正，避免造成条款之间相互打架或引用错误，那就很不专业了。

第五点，做美容。做美容是什么意思呢？就是我们的合同还要满足形式上的美观需求。比如，我们合同中的文字一定要简洁、平实。在我的职场经历中，我看过很多表述冗长、晦涩难懂的合同，我不知道他们这个模板是从哪儿抄的（估计有的是直接从英文合同中翻译下来的），有的时候问对方，对方都不懂，我就无语了——你不懂，我也不懂的合同，还要它干吗?! 此外，还要审核一下有无错别字以及调整好序号、字体、字号、字间距、标点符号等。因为有的公司领导其实并不懂法律，他只从外观来判断你是否认真对待了这份合同。如果他在合同中发现了一些错别字或上下段落不对齐，他可能会觉得你并没有用心。因此，我们既要注重内容，也要注重形式，两手抓，两手都要硬。

接下来，我们再说一下起草英文合同的问题。一些有对外贸易往来的公司，经常遇到跟国外的客户或合作方签订英文合同的情况。很多法务朋友会发现，尽管自己读本科或研究生期间的英语成绩不错，也学习过法律英语课程，但还是无法应付实践中起草英文合同的问题。这里我推荐一些学习的资料，比如“万法通”的系列教材和课程。此前，我在某跨国公司做法务的时候，因为当时需要跟国外的客户进行谈判并有合同上的往来，所以还是很认真地学了一阵。

如果你身在外企或者是跨国的民营公司，那么你一定要好好学习法律英语了。对那些将来打算在外企或跨国公司从事对外业务的法务朋友，我倒觉得你们可以考虑去国外（尤其是美国或英国）读一个 LLM 或 JD。建议一定要读一个知名院校的，这样不但能增加知识和提升素养，还能增加校友的资源。那种说起来别人都没听说过的野鸡大学就不要考虑了，可别成了现代版的方鸿渐。

最后，其实在公司中交易的类型一般是比较固定的。作为一个比较成熟的法务，应该根据对方的模板以及我方修改的一些模板统一做成公司合同的模板。在模板中，把一些可能发生的风险点规避掉，并且根据业务中发现的新问题定期进行更新（我们所谓的“打补丁”）。合同的模板化可以减少合同起草、审核的时间，提升工作效率，降低合同风险。

2）合同的审核

如何审核合同呢？要我在较短的篇幅讲清楚着实为难我了，其实光是讲如何审核合同就可以出一本书，因为合同是千奇百怪、五花八门的，不同的业务需求有不同的合同，不同发展阶段的公司，合同的体现形式也不完全一样。

首先，我给大家推荐四本相关的著作。这四本著作是我认为目前对合同审核工作来说比较好的实务参考书（表 3-1）。

表 3-1　合同审核实务参考书

序号	书　名	编著者	出版社及版本信息
1	《合同审查的结构与方法：企业合同审查指引（修订版）》	主编：陈丽洁；执行主编：叶小忠	法律出版社 2010 年第 2 版
2	《合同审查精要与实务指南》	著者：雷霆	法律出版社 2018 年版
3	《企业合同管理 33 讲》	著者：付希业	法律出版社 2020 年第 3 版
4	《合同起草审查指南：三观四步法》	著者：何力、常金光等	法律出版社 2021 年第 3 版

下面，我简单地跟大家谈一下，我本人在合同审核过程中总结的方法论，即审核合同的六步法。

第一步，查主体。查主体包括哪些方面呢？

一是合同对方主体的真实性。前两年，某大公司爆出了一个负面舆情，原来该公司被几个骗子假借某著名品牌的名义给骗了，可谓阴沟里翻船。其实作为公司法务，对方主体的真实性应该是我们审查合同时首先要确认的。可能很多大平台的法务朋友平时接触的都是大阵仗，心里想当然地以为合作对方不可能是虚假的主体或者是骗子，因此掉以轻心。其实分辨虚假主体很容易，有以下手段：可以先看一下这个主体的联系人跟业务同事或商务同事邮件往来时的邮箱后缀，如果连公司邮箱后缀都没有，只是个人邮箱发过来的，这就是存疑的点。名片是可以印假的，但是如果为了骗人，还要去注册公司邮箱，那这个作假的成本还是太高了。如果还不放心，可以打电话到对方的公司确认一下是不是在职的人员。如果说这招都感觉不太可靠，可以在合作协议中约定由对方以自己的对公账户向你所在公司的银行账户转账一元钱，这样就可以充分验证对方的主体是否真实（总不能连银行对公账户都是假的吧）。

二是看合同对方主体的履约能力。履约能力，其实在我们现在这个互联网时代还是很好查的，可以用天眼查、企查查、启信宝等第三方软件[①]或企业信用信息网查询，主要查询对方主体的涉诉情况、被执行的情况，这样你就能初步了解这家公司是否具备履约的能力。如果这家公司涉诉很多，甚至有经过强制执行仍然不能履行不得不终止执行的情况，说明这个公司实在是差到极点了，继续交易是有较大风险的。

三是查看联系人、联系地址的信息。要在合同中加上更换联系人及时通知的条款，对方更换联系人要及时告知我们，因为联系人在合同签订后可能离职或因公司经营较差被裁员都有可能，联系人有可能还以公司的名义继续跟你签合同或洽谈其他合作，这会带来很多麻烦。联系地址也同样很重要，这不仅仅只是通知的问题，如果将来发生纠纷，你打算起诉对方，这个地址就涉及能否有效送达传票的问题。还要查看对方联系人的联系方式，如手机号、电子邮箱等信息。如果对方是公司，那么联系人的电子邮箱最好不要留个人邮箱。此外，手机号一定要留，如果未来涉及通知甚至催告，可以发短信并作为证据。

第二步，审交易。什么叫“审交易”呢？就是要跟业务同事沟通了解合同签订的背景及业务侧主要的核心诉求。在这一步中，我们主要审核鉴于条款、商业条款、权利义务条款，看是否能满足业务的需求以及条款内

---

① 但是要注意，这些第三方网站有时信息不够准确。2020年底，我出差江西九江给公司维权，结果发现按照天眼查、企查查上所示的侵权主体注册地址上竟然找不到这家侵权主体。于是，我先去了侵权主体注册地商户的管理部门——某建材城管理公司，管理人员告知我这家公司已经有近十年没有运营了，完全是一家僵尸公司。我不信邪，又去了主管的市场监管机关，结果市场监管的老师在自己的系统中一查，发现完全没有该公司的信息。当听说我是用第三方软件查的，就对我开玩笑说：“你们这些大公司法务竟然还相信那些第三方的检索结果。”我说：“那也不能怨我啊，谁让你们市场监管部门的企业信用信息网经常登录不上去呢。”

的约定是否公平。在实践中，"鉴于条款"很多时候流于形式，上面都是些套话、大话、空话，没有充分表明合同的目的。这个时候一定要跟业务同事沟通好，用最简洁的语言表达清楚。我们还要看看商业条款描述是否清晰，双方各自的诉求是否已经表达清楚，不要有引人误解的地方。下一步，我们要看权利义务条款是否公平合理。有时对方提交过来的合同中给自己设定了很多权利，同时给我们设定了很多义务，非常不对等。有时对方提交过来的模板是 PDF 版本的，根本没法修改，此时你会发现权利义务条款明显是偏向他们的，所以一般这种情况，我都会让业务同事重新跟对方要一个 Word 版本的，否则我们没法审这个合同。

第三步，控风险。控风险就是对容易产生风险的条款，如权利义务条款、违约责任条款进行细致的审核来把控其中的风险。比如，在违约责任条款中，有时候你会发现对方把主要的违约责任都抛给我方了，他们几乎不承担什么违约责任，更有甚者，设定的违约金还很高（一般情况下，我们把违约金设定在每日万分之五，但有时对方会约定每日千分之三或千分之五甚至更多），这种情况肯定是要进行修改的。有时对方会在违约责任里表述我方需要向对方赔偿因我方违约所造成的全部损失，我一般会修改为直接损失。

第四步，看边角。"看边角"的意思是说我们把上述重要条款之外的条款看一看，比如协议期限、管辖、生效条款等。最后，我们再整体对合同进行一下格式上的调整。切记，做上述审核和修改的时候一定要打开 Word 的修订模式，需要解释或是有疑问的地方可以加批注，以便业务同事和对方的法务人员能够看清修改之处和修改的理由，方便下一步的沟通和交流。

第五步，勤总结。很多法务朋友在进行前四步之后就认为已经大功告成了，实则不然。我一般在审核合同后还要在一个专门的 Excel 表格中进行经验总结，这样每次审核都感觉自己有进步。此外，平时我还会找到一些相关案例，看案例中到底是在合同中的哪些地方产生了风险点，然后再反思自己在审合同时是否有我此前没有注意到的一些问题。我会将每个案例提炼出几条注意事项，然后充实进我的 Excel 表。

第六步，补漏洞。对合同中容易或经常出现的一些问题，我们要及时反馈给业务侧或汇报给领导层，以便通过我们的合同审核工作不断优化公司的业务流程和风险防控机制。

3）合同的归档管理

合同的归档负责部门在各个公司可能不太一样，有的公司是放在财务部门统一存放的，也有的公司是由法务部门负责管理的（当然，合同原件还要交一份给财务存档）。

千万别小瞧了合同的归档工作。合同归档的意义首先是方便查找，因为合同如果不好好归档，到想用的时候就是一团乱，甚至有的合同丢了你都不知道。其次具有比对的价值。比如，公司与同一个客户每年都续签合同，但合同的重要条款可能是有变化的，这时候就比较方便对比。最后对法务而言，处理合同归档工作可以使法务更快地了解公司的业务情况。此处举一个反面的例子，此前我有一位法务同事，她的合同归档工作非常乱，合同电子版登记表编号甚至跟合同原件编号对不上。后来，我接过这项工作，花时间带人系统地清理了一遍，最终才让纸质合同登记表、电子合同登记表、纸质合同原件以及合同扫描件做到了一一对应。

那么，合同如何归档？合同归档主要涉及以下三个方面的工作：

第一，纸质版合同原件的归档。我在某前东家负责法务工作时有一个专门的文件室及若干文件柜，文件柜里按照业务属性、时间顺序、合同编号放置了相应的文件夹。每当拿到双方都签章的合同原件之后，我们先在纸质合同登记表、电子版合同登记表中做上标记，然后把原件进行扫描并将扫描件存入已经设置好的电脑文件夹中，最后将合同原件按规则放置在文件柜相应的文件夹里。

第二，合同登记表。合同登记表分为纸质版和电子版，一般电子版的会更加详细一些（当然，很多大公司都有自己的合同 OA 系统或类似的软件，就不涉及合同登记表问题了）。下面我介绍一下我当初草拟的电子版合同登记表的相关字段（表 3–2），供大家参考：

表 3–2　电子版合同登记表相关字段及其作用

字段名称	作　用
序号	通过序号，可以直接了解到每年签订的合同总数。
合同编号	按照公司名称首字母缩写、业务类型以及数字来进行编号，方便后续查找。
合同类型	合同类型包括采购、销售、投融资等等。确定合同类型的好处在于，如果公司要上市或融资，相关中介机构（如券商、律师等）会向法务了解不同合同的类型大概签了多少或索要相关合同扫描件。如果没有做这个工作，后续你就得一个个再去查看。如果合同很多，会很浪费时间。
合同名称	合同名称就是合同文本中最上方合同的名称。
合同对方	合同对方自然人、法人或其他非法人组织的名称。
是否为我方提供文本	我们需要通过这个来了解合同是我方还是对方的模板，以便了解我方模板的使用效率。
合同标的或主要合作内容	这是合同中最核心的部分，我们可以从中了解到交易结构和商业模式。
合同金额	可以从合同金额了解到合同的重要性。
审核情况	可以了解合同的审核次数，对审核次数较多的要了解一下原因。
我方原件（份数）	就是我方手中的合同原件的份数。我经常看到很多合同中约定“一式两份，双方各执一份”。我建议一般至少是一式四份、双方各执两份。这样万一丢了一份原件，至少还剩一份。
财务存档原件（份数）	通过这个来了解财务是否已经存档了另一份。
签署版合同是否已扫描存档	可以通过这个了解到合同签署版（双方已盖章的）是否已经扫描。合同签署版的意义在于，万一合同原件丢失，可通过扫描件了解最终双方签署版是什么样的。公司被尽调的时候，对方可能会索要重要合同的扫描件，这时你就可以直接发给对方，不需要再去扫描了。
合同的生效日	合同生效日和合同签订日一般都是同一个时间，但是也有可能存在不一致的情况，有的是在满足一些条件下合同才开始生效。这就需要大家在签订合同的时候一定要了解清楚，以免发生不必要的纠纷。

续表

字段名称	作　　用
合同的到期日	如果合同中约定合同到期不再续展，这就意味着合同到期时合同就结束了。如果要续签就需要与对方再协商。业务人员可能会忘记（或业务人员更迭），因此法务人员一定要掌握合同到期日，到期之前一段时间务必提醒经办人或相关负责人。
是否到期日前一个月提醒经办人	法务人员在合同到期前一个月得提醒一下经办人或相关负责人。如果有续签的必要，法务人员要督促经办人或相关负责人续签合同。
经办人	经办人是指这个合同是谁来找你起草或审核的，此人就是经办人。
经办人所在团队 / 部门	比如经办人是商务部门、行政部门还是财务部门等。通过这个字段，你可以了解每年在各个部门或团队下到底签署了多少份合同。
合同是否已签回	这个字段是让你留意合同对方是否已将合同盖章寄过来，以催促对方尽快完成合同签章手续。
是否已提醒经办人签回	顾名思义。
是否作废	有时候合作最终没有谈成，或者合同虽然签署了但是最终并没有履行，因此合同就作废了。在我方已盖章并寄给对方而对方没盖章的情况下，我们应向对方要回合同并作废。此外，我们要把作废的原因写清楚，以供后续的检索和查阅。
未签回合同是否已实际履行	有的时候我方已经给合同盖章了，对方虽未盖章，但实际上我方已经实际履行。如果后续合同未签回，且对方没有支付相应款项，我们可能要采取进一步的法律行动。
其他附随存档材料	如营业执照等与合作相关的资质证照。
合同变更内容	如若合同发生变更，要及时更新。
合同变更原因	顾名思义。
变更后合同结算金额	合同变更后涉及结算金额变更的，要在此处列清楚。
解除或终止原因	合同解除或终止的，要写清原因。
解除或终止后合同结算金额	涉及结算金额变更的，要在此处列清楚。
备注	其他需要注明而前述字段并未涉及的，可以在备注中注明。

第三，合同借阅表。有时业务同事会来借出合同原件，这时务必让他本人在借阅登记表上进行借阅登记并签字，写明借阅人、所属部门、借阅时间、借阅目的、是否已归还等信息。借阅人本人签字最好是用法务的签字笔签字，因为据说有人在一些电商渠道可以买到签完字一段时间之后字迹自动消失的签字笔（我一直对这个有所提防，现实中也确实有人是这么干的）。如果在合理期限内借阅人还没有归还合同原件，我们要及时提醒归还。

5. 诉讼事务

下面我们来谈一下法务的又一项重要工作——诉讼事务。诉讼事务在绝大多数公司都特别受重视，因为涉及出庭，胜诉或败诉对公司都有较大的影响。尤其是被诉的案件，如果败诉了，那么一般生效的裁判文书都会在网上公布，对企业的形象有相当的负面影响。

那么，问题来了，作为法务新人或诉讼业务新手，我们该如何快速切入，较快积累诉讼相关的知识和经验呢？

第一，积极学习。具体来说，包含以下几个方面：

其一，学习《民事诉讼法》及其司法解释，以及最高人民法院的一些法官出版的对《民事诉讼法》的理解适用与实务指南相关书籍。

其二，学习一些律师写得比较好的实务著作，如《实习律师指南》（薛晓蔚著，法律出版社 2020 年第 3 版）。该书虽说名为实习律师指南，但对诉讼工作写得很具体、详细，对法务同样具有实操指导意义和价值。

其三，通过专业网站学习。主要有两个网站：

- 中国庭审公开网（http://tingshen.court.gov.cn/）。通过该网站，我们能够非常直观地了解庭审程序、法官及律师的风格、事实如何认定、法律如何适用、当事人双方攻防技巧等等，这是一个非常宝贵的学习资源，是以前我做法官的同学告诉我的，对我的帮助非常大。如果你没有时间去现场旁听庭审，那么完全可以在中国庭审公开网通过网上学习（如每周抽出两三个小时把一场庭审跟下来)。如果能够长期坚持，自己的长进应该还挺大。曾经有位法务朋友跳槽到一个新公司去做维权的工作，但事实上他原来做的基本上都是非诉工作，没直接做过诉讼维权工作，而他在新公司的前任法务又离职匆忙，没来得及和他交接，因此他感到比较困惑和焦虑。我就建议他去中国庭审公开网好好了解、学习一下新公司的前任法务以往的庭审视频记录，虽无交接，胜似交接，他听后眼前一亮。

- 中国裁判文书网(https://wenshu.court.gov.cn/)。如果你在做某个案子，但是你对法院裁判的思路并不是十分清楚的时候，可以去该网站下载所有相关案例并整理出裁判思路(尤其是受理该案法院及法官的相关案例更是要好好学习)。有时领导会问你案件的成功率和把握大不大，如果有大量的相关案例分析作为基础，勾勒出走向以及一些诉讼关键点，我相信领导会对你刮目相看。

其四，向律师学习，既包括本公司外聘的律师，又包括对方的律师。以我为例，我在刚接触信息网络传播权维权工作时，对这方面工作可以说是一无所知，正好我们聘请了王磊律师，他在信息网络传播权维权领域较为专业。在跟他合作的过程中，我一直在留心学习他如何准备文件材料、在法庭上如何表达、庭审过程中如何与法官和对方当事人及其代理律师互动等等。全套流程下来，让我受益匪浅。对方律师其实也是自己的老师。我非常喜欢跟高手过招，每次都感觉非常畅快，收获不小。虽然说要向律师学习，但是也不能完全迷信律师，因为律师一般都比较忙(尤其是比较知名的律师)，对企业实际情况的了解也是有限的，所以法务不能做甩手掌柜，还是要深度参与的，这样律师也不敢懈怠了。

第二，勇于实践。神枪手一定是子弹喂出来的，同理，一位优秀的诉讼法务一定是身经百战的庭审老手。法务不能做甩手掌柜，什么事都交给律师去做，自己应该至少和律师一起坐在法庭上与对方唇枪舌剑、斗智斗勇，这样才有更多长进，而不是待在法庭旁听席置身庭审事外或瘫在自己的工位上听律师庭后汇报。要从准备立案材料甚至是取证工作开始跟完整个流程。除了你自己确实搞不定的较为疑难复杂的案件，建议尽量不要聘请律师，最好自己尝试去解决。像我这种人，一有诉讼出庭的机会就很兴奋，因为我认为又有了一个学习的机会。以前我有位女同事，平时工作很认真，擅长处理合同事宜，但就是对处理诉讼事宜很发怵。我跟她说参与庭审是很好的成长机会，如果你觉得实在没把握，我们可以外聘律师，但是你一定要直接参与。

第三，善于总结。做法务要勤于总结，不能向掰玉米棒子的狗熊学习。建议法务朋友对诉讼工作要有一个有效的总结，方能有所积累和提高。我自己每做一个案子，除了新建专门的文件夹对诉讼材料分门别类地进行存放，还会有一个电子版的《诉讼进展登记表》（表 3–3 是我所做的一个应收账款清收的流程表格，供大家参考），根据诉讼流程进行整理，一方面方便回忆（诉讼过了一段时间后，有的细节就忘了，但是那些细节可能还是至关重要的，所以务必记下来）；另一方面将同类的案子记录几个之后，你可以互相对比，这样会有一个直观感受，如类似案子大概的处理时间是多长、不同的法官的态度、在什么地方出现了问题、问题是怎样解决的等等。

表 3–3　应收账款清收流程

序号	时间	事件	内　容	备　注
1	2016 年 11 月 30 日	双方签订补充协议	约定补充协议生效之日起 15 个工作日内，债务人向我公司支付 72 万元，合同签订日起半年后 15 个工作日内一次性付清余款 18 万元。	
2	2017 年 3 月 20 日	起草催告函	敦促债务人在我方发出书面通知后 10 天内支付。	
3	2017 年 5 月 25 日	申请催款律师函	商务同事提出申请律师函，与 ×× 律师联系。	每份律师函 1 200 元。
4	2017 年 6 月 6 日	付款承诺函	债务人发来付款承诺函，承诺在 6 月 30 日前向我公司支付。	

续表

序号	时间	事件	内　　容	备　　注
5	2017 年 6 月 8 日	草拟终止合作协议	商务同事提出双方准备终止合作，请法务草拟终止合作协议，改成对方必须在 6 月 30 日前支付 30 万元，否则我方将提起诉讼。	
6	2017 年 7 月 3 日	申请催款律师函	应商务请求，再次联系 ×× 律师出具律师函。	
7	2017 年 7 月 12 日	联系律师起诉	联系 ×× 律师并发资料给他，准备起诉。	
8	2017 年 7 月 13 日	与债务人高管当面沟通	出差赴债务人杭州总部办公地址一探虚实，了解对方情况。×× 律师发来案件分析。	
9	2017 年 7 月 18 日	收集证据	联系 ×× 律师索要律师函原件及快递凭证。	
10	2017 年 7 月 18 日	收集证据	1）商务同事将与债务人往来的邮件发给法务。 2）询问 ×× 律师能否申请支付令，×× 律师说目前国内很难获批。 3）将收集的债务人信用报告和高管情况发给 ×× 律师。	
11	2017 年 7 月 19 日	签订律师合同	与 ×× 律师沟通确认合作，签订聘请律师合同。	代理方式为风险代理：1 万元基本款 + 15% 案款的风险代理费。
12	2017 年 7 月 20 日	商讨对策	与 ×× 律师商讨对策。	×× 律师建议更加不能解约，因为一旦解约，需要根据实际履行的情况来结算款项，我们履行到 3 月，之后未再继续履行，能够结算到的款项会打折扣。目前应该主张继续履行合同，债务人付款后，我们继续提供一定的服务。

续表

序号	时间	事件	内容	备注
13	2017年7月21日	诉前保全	1）×× 律师询问是采用现金担保还是担保公司保函担保（保函费率2%左右）。 2）×× 律师发来起诉及保全材料由我方盖章。缴纳保全费后，法院会先查封债务人银行账户。保全工作完成后，法院会将诉讼材料送达被告，并安排开庭时间。	财产保全费用2 000元左右。
14	2017年7月28日	诉前保全	1）×× 律师收到我公司盖章后的诉讼材料，等担保公司保函到位即可起诉。 2）要求与担保公司签订协议。	
15	2017年8月1日	立案	1）×× 律师到杭州 ×× 区人民法院立案。 2）我公司缴纳诉讼费。	
16	2017年8月4日	缴费	缴纳诉讼费后将缴费凭单拍照发给 ×× 律师。	
17	2017年8月10日	缴费	×× 律师通知我公司缴纳保全费。	诉讼费1 200多元，保全费5 000元。
18	2017年8月11日	缴费	我公司支付5 000元诉讼保全费。	根据法律规定，法院应当在我们申请并缴费后5日内做出裁定，裁定后在5日内执行，加起来就是10日。保全后什么时间安排开庭取决于法官，正常来讲在1个月左右。一审的审限是3个月（简易程序）和6个月（普通程序）。
19	2017年8月15日	付律师费	×× 律师收到前期律师费1万元。	

续表

序号	时间	事件	内容	备注
20	2017年8月21日	开庭通知	××律师发来开庭通知（9月7日开庭）。	
21	2017年8月22日	诉前保全	询问××律师是否已经诉讼保全。××律师回复已经诉讼保全。我们申请诉讼保全的案件，法院在办理完毕保全后才会通知双方开庭。具体保全到哪些资产，需要等法院的保全结果告知单。	
22	2017年8月23日	证据原件	××律师发来证据原件清单。因对方未在庭前提供书面答辩状，故尚不清楚对方的答辩思路。第一次庭审后，我们会根据庭审情况决定是否补充证据。	
23	2017年8月24日	证据	将我公司商务同事与债务人邮件来往记录打印出来快递给××律师。	
24	2017年8月25日	送达	××律师告知： 1）之前我们提供的债务人工作人员的电话，法官打过去此人反馈他已经离职，询问我们是否有债务人其他负责人的联系方式。 2）目前法院向对方送达诉讼文件副本无法送达，我们需要提供详细的送达地址，确保法院第二次能够送达，否则需要走公告程序。 （××律师已经把新的联系方式和地址提供给法官，由于需要给对方答辩期，开庭时间延期，具体以法院新的通知为准。）	1）问商务同事后提供债务人副总联系方式186-××××-××××。 2）告知××律师债务人地址为：浙江省杭州市滨江新城××中心×座×层。

续表

序号	时间	事件	内　　容	备　　注
25	2017年8月28日	诉前保全	1）向××律师索要担保费发票，法院诉讼费、保全费的收据，××律师告知担保费他会安排担保公司尽快开票，法院诉讼费和保全费并不会开具正式的发票，一般都是用缴费的凭证做账。 2）××律师告知：接到保全法官的通知，他们预计本周后半段或下周会到北京保全债务人在北京××公司的股权，具体时间待××律师接到保全法官的电话后再与我公司联系。	
26	2017年8月30日	沟通	询问是否延期开庭，××律师告知延期开庭，新的开庭时间等待法院书面通知。	
27	2017年8月31日	沟通	了解到债务人的唯一股东将其股权在6月底时出质了，对我公司债权实现是否有影响？ ××律师告知：债务人的股权被股东出质，并不会对债务人本身的可用于履行债务的资产状况产生影响。	
28	2017年9月5日	诉前保全	××律师告知法官明天到北京保全股权。	
29	2017年9月6日	诉前保全	股权查封已完成。	
30	2017年9月7日	诉前保全	1）询问××律师：债务人的所有银行账户是否申请法院保全了？另外，据我们此前现场调查，债务人有部分机房设备，这个是否可以查封？××律师告知：账户都申请法院进行了保全，但据法官介绍，账户并无资产。最先查封的是我们提供的账户，其	

续表

序号	时间	事件	内　　容	备　注
			他的应该是法官查询到的账户，不排除他们现在并不走公司账。机房设备需要举证确实属于债务人的才能保全。此外，权利归属很难认定，所以一般财产保全以存款、不动产、股权为主。 2）我了解到债务人在河北还投资了一家子公司，需要冻结股权吗？ ×× 律师：这家公司经查是今年刚设立的，当时我们申请保全的时候还无法查到这家公司的信息。我看了下目前注册资本还没到位，没什么价值，后续我会持续关注这家公司，如有注册资本进入，随时申请查封。	
31	2017 年 9 月 12 日	公告送达	×× 律师告知今日接到 ×× 区法院电话，我公司提供的债务人新的送达地址也无人签收，法院目前只能公告送达。我公司须按照 ×× 律师发来的公告费缴费信息缴费。本案暂时无法安排开庭，需要等待公告期满后方能重新安排开庭时间。到时候无论对方是否到庭，均可缺席判决。询问 ×× 律师公告后多长时间可以开庭？ ×× 律师答复原则上前后将近 3 个月。	（杭州市 ×× 区人民法院）缴款信息：开户行：工行 ×× 支行账号：×× 户名：浙江 ×× 报报业有限公司。公告费 650 元，案号为 2017 浙 0102 民初 ×××× 号，交款后请将缴费凭证邮寄至杭州市 ×× 区人民法院民一庭 ×××。发送人：杭州 ×× 法院（民事审判第一庭）×××。
32	2017 年 9 月 14 日	公告送达	已缴纳公告费，并将缴费凭证快递到法院。	

续表

序号	时间	事件	内　　容	备　　注
33	2017 年 9 月 19 日	公告送达	询问 ×× 律师报纸是否已经公告，×× 律师答复尚未收到法院通知，他会与法院核实一下。询问国庆前是否能开庭，×× 律师告知公告送达的话，国庆节前开庭肯定来不及。公告的开庭日期一般都是两个半月到三个月以后。	
34	2017 年 10 月 17 日	公告送达	询问 ×× 律师诉讼有什么进展。×× 律师答复：据本案 ××× 书记员介绍，法院公告因为是通过《人民法院报》刊登，每期能够刊登的公告数量有限，所以也要排队，目前尚未轮到我们的案子公告。每隔几天都会去查询，案件一旦公告，会立即通知贵公司。	
35	2017 年 11 月 9 日	公告送达	询问案件进展。×× 律师答复：上次已经和法院联系，他们走的是省内的公告系统，所以我们在互联网上没有查到，公告日期是 9 月 28 日，满 90 天后法院安排开庭，预计开庭时间可能在 12 月底至 1 月初。已经查过《浙江法制报》的历史信息，确实已经公告。后续会密切关注开庭时间。	被耗掉的这 90 天（60 天公告 +15 天答辩 +15 天举证）是法律规定公告流程必经的程序，我们也无可奈何了。如果对方到时不参加庭审，对我们其实是有利的。
36	2017 年 12 月 26 日	开庭通知	1）×× 律师告知：刚刚接到法院电话，案子定在 1 月 2 日上午开庭，目前正在等待书面传票。杭州法院的提前量实在是有点少。因开庭需要核对原件，请公司将证据目录中提及的证据的原件快递给我。 2）将证据原件快递给 ×× 律师。	

续表

序号	时间	事件	内　　容	备　　注
37	2017年12月27日	开庭通知	请××律师和法官确认一下，本次开庭是否缺席审理，被告是否有联系法院。	
38	2017年12月28日	开庭通知	××律师回复传票今天收到了，问过书记员，没联系上对方，大概率不会来开庭。	
39	2017年12月29日	准备证据	证据原件中的记账凭证不能拆开，所以由我亲自带过去开庭。	
40	2018年1月2日	开庭	在杭州××区法院开庭，被告没有到场，法官进行了缺席审理，充分听取了我方的意见。最近判决会下来，判决后会对被告进行公告送达2个月（被告缺席审理的必经程序），2个月后进入执行程序（到时候会对债务人的股权进行处理、法官查询人行系统后查封冻结所有债务人的账户、如果执行遇到阻碍会将债务人法定代表人列入失信被执行人等等）。	合同原件我已拿回公司。
41	2018年1月18日	公告送达	法院于1月18日在网站上公告了（2017）浙0102民初××××号判决书，告知被告在公告之日起60日内来本院领取民事判决书，逾期视为送达。不服判决，可在送达之日起15日内上诉。逾期未上诉的，判决生效。	4月4日之前被告未上诉的，判决生效。
42	2018年4月18日	申请执行	××律师发来申请执行的文件《委托书》《执行申请书》，盖章后快递给他。	一般来讲，我们申请执行后，法院会在1个月内予以回应，确定执行法官，不过什么时候能执行就不好说了。

续表

序号	时间	事件	内　　容	备　注
43	2018 年 4 月 20 日	申请执行	×× 律师已将申请材料提交法院，正在等待正式受理通知。	法律规定在 1 周左右，实际上，从确定执行法官并告知我方，需要 1 个月左右。
44	2018 年 5 月 4 日	申请执行	询问 ×× 律师债务人强制执行是否已经受理，×× 律师答复尚未收到书面受理通知，会电话去询问一下。	从杭州法院的处理效率来说，一般要 1 个月左右才能下文书。现在上海基本上也要 20 多天，法院案件积压，普遍流程比较长。
45	2018 年 5 月 18 日	申请执行	接到 ×× 律师微信转发通知:（杭州市 ×× 区人民法院）您好，您申请执行浙江 ××× 文化发展有限公司一案杭州市上城区人民法院已于 2018 年 5 月 17 日立案执行，案件承办人 ×××，办公电话 ××××××××，您可通过电话询问或凭密码 ××× 在浙江法院网上查询案件进展情况，杭州市 ×× 区人民法院的执行举报（执行指挥中心）电话为 ××××××××，您可向执行局举报被执行人的下落或财产线索。	正常情况下，法官会先查询一遍债务人的银行账户信息，看有无资金。如银行账户内均无资金，则通过拍卖我们保全的股权来执行。公司不用介入，律师这边需要和法官密切沟通，随时掌握进度，必要时催促法官，避免拖延。

第四，一些在庭审中需要注意的问题。有的法务以前没有处理过诉讼事务，对庭审的节奏和自己的情绪控制得不够好，有时在还没轮到自己发言时容易抢话。还有，在法庭辩论的过程中，对方有时可能会强词夺理，有的法务控制不住自己就会跟对方争吵起来。这时，千万不要发火，要平心静气，仔细记下对方的破绽，再予以有力的还击。另外，在诉讼过程中，为了书记员记录的方便，你可能要放慢自己的语速，如果你说得太快，书

记员根本记不下来。另外，还有一个技巧，我一般在庭审过程中提出自己会在庭后提交详细的书面意见，并强调以庭后提交的书面意见为准。这样，一方面书记员记录省了事，太多小细节他就不用当庭记录了；另一方面对我来说，还有助于自己整理思路，将庭审过程中自己忘记表达或语言组织不到位之处予以弥补，进而写出一份较好的代理意见。

诉讼事务工作主要包含两部分，一是起诉；二是应诉（也有把起诉叫作主诉、把应诉叫作被诉的）。有的大公司将起诉和应诉这两部分的职能人为地割裂开，一部分法务负责起诉，另外一部分法务负责应诉。我个人感觉这种分工极其不合理。

1）起诉

我们先来谈一谈起诉的工作。起诉（有的也叫"维权"）工作的重要性如下：

第一，维护公司的合法权益。简单来说，公司的合法权益受损害一般有两种情形：要么是被侵权，要么是被违约。

我此前曾在某影视类公司负责过法务工作，这家公司的独家影视作品在 IPTV 市场上被侵权严重。我入职公司仅 1 周左右时间就帮这家公司搭建起全国性的版权维权体系及团队，并仅用了 3 个月左右的时间就将检索取证工作覆盖了全国。

违约方面，我曾经操刀过较多案例，其中有两家是国内知名的视频公司。其中一家因经营不善而债台高筑，且因拒绝履行众多债权人债务已被法院列为失信被执行人。我了解到对方的商务、法务负责人人品尚可，但因为公司债务问题几乎每天都会被众多债权人围追堵截、无情谩骂。因此，我后续在跟对方商务、法务负责人沟通时，对他们比较尊重，是以商量的口吻来沟通的。他们表示有意愿却无能力偿还，但隐约透露公司还有营收进账。我一听眼前一亮，马上起诉，并跟法官多次沟通表达和解意愿，希望法官从中斡旋。开庭前，我和对方又心平气和地当面沟通了一下，共同制订了一个"分期付款 + 合作"的计划。最后，我们双方在法庭上由法官主持签署了和解协议。

第二，打击竞争对手。我在某公司负责法务时，公司领导指示我起诉某竞争对手，以阻止其在某重要省份的业务发展。在克服了重重困难之后，给予了竞争对手较大打击（后文详述）。

第三，提高法务部门在公司内部的地位。法务部门在公司属于职能部门，本身并不产生利润，因此较为边缘化，如果能通过诉讼维权在维护公司合法权益的同时带来较高的补偿，法务在公司领导眼中的形象就无形中高大了起来，以后申请个经费、批几个 head count 都很容易了。

那么，该如何做好起诉工作呢？

首先，要了解清楚对方的情况。在对方侵权的情况下，要弄清侵权情况（取证）、侵权后果、对方的偿付能力等。如果是对方违约的情况（尤其是清收对方应收账款的情况），要摸清楚对方的偿债意愿（愿不愿意还）与偿债能力（能不能还、能还多少）。

其次，弄清诉讼流程。即使是法务本身不能出庭而是选择外聘律师，也要把每步工作都熟悉一下。现在很多法院都能线上起诉、线上开庭，因此作为诉讼新手，可以去案件管辖地法院官网上查看起诉流程、相关文件要求及文件模板，并按要求准备起诉文件及上传，上传后可与法院联系询问是否收到，并按要求邮寄纸质文件。起诉的时候，务必注意公司的注册地址和办公地址是否一致，一定要先确定注册地址到底有无工作人员，如果现场无人办公或者是个虚拟地址，最好是去实际办公所在地的法院立案，否则可能会被移送管辖，而这期间有可能出现一些别的问题导致债务人的偿债能力变得更差。接到法院传票后，要积极准备庭审的材料以及庭审中可能遇到的问题，实在没思路的，可以好好研究类似案例，尤其重点研究被告抗辩的理由以及法官的裁判思路。

再次，软硬兼施。虽然作为起诉方法务经常站在道德的制高点，但是要掌握好力度，不要一味地喊打喊杀。我见过有的维权法务或律师，仗着自己是起诉一方，盛气凌人、咄咄逼人，两句话就能把人噎死，丝毫不尊重被告一方法务及其律师。其实这样做根本没有必要，圈子很小，有时原告和被告的角色可能会发生互换。另外，我们做起诉工作是为了维护公司的合法权益，而不是得罪人。

个人认为我之所以能从前文那家视频公司获得赔偿，一个很重要的原因是我很尊重他们的商务和法务负责人（人家也不容易，每天一睁眼就是这些破事）。对他们来说，在没有优先次序的情况下，毕竟还哪个债权人都是还，还不如还一个对他们比较尊重的。另外一家视频公司也因为拖欠我们公司应收账款而被我起诉到海淀法院。他们公司的情况更差，就一个年纪很轻的法务小姑娘来应诉，还说自己好几个月没发工资了，令人同情。庭审结束后，我跟这个小姑娘说，在这家公司能学到的诉讼经验想必你学得也差不多了，后续需要找工作我可以帮忙推荐。

此外，要充分借助法庭的力量。因为从法官的角度，更多的是希望双方当事人达成和解，故此，充分向法官表达己方和解的意愿和态度，请法官做对方工作或适当施压，比自己孤军奋战要好得多。

最后，全方位立体打击。要明确一点，起诉工作只是实现目标的手段之一，可以在启动诉讼的同时，通过行政投诉、媒体举报等方式进行全方位立体打击，让对方疲于应付，最终屈服。甚至可以利用好对方的软肋，比如你发现对方正处在融资或上市的关键阶段，就要抓住这个窗口期，利用对方想尽快息事宁人的心理，为公司争取更多的利益。另外，需要提醒一下，如果你所在的公司目前正处于上市过程中，那么发起诉讼一定要慎重，至少要征求一下董秘、券商、律师的意见，并在得到领导的批准后，才去发起诉讼。因为如果在上市过程中发生重大未决诉讼的话，可能会对公司上市产生一定影响（监管机关较为关注重大诉讼或仲裁对发行人的业绩和持续经营产生的不利影响）。

下面举一个我亲自操刀的维权案例，给大家一点直观感受。我在某公司负责法务工作的时候，我们领导和商务的负责人曾经让我发起对我们一个主要竞争对手的诉讼，以便打击竞争对手的嚣张气焰并抢夺重要市场。

本来领导是希望找到竞争对手未经授权使用我公司影视作品的证据，以此为由起诉，最后拿到生效判决书并给到重要合作方，使合作方对竞争对手的实力和信誉产生怀疑，进而抢夺原本属于竞争对手的地盘。这个案子其实是个历史遗留问题，在我入职之前由原法务负责人处理，但是很显然效果并不理想。

此前的诉讼我遇到了三个方面的问题，导致折戟沉沙。其一，我公司所持有的影视作品的权利是非独家的权利，而在司法实践中，一般认为非独家权利不能独立维权。其二，取证有瑕疵。竞争对手名义上是电视盒子硬件生产商，而之前我公司向法院出示的证据盒子来源不清不楚（据说是商务同事从竞争对手那里搞到的），也无法跟法官明示，故此证据的清洁性也备受质疑。其三，竞争对手一直坚称自己只生产电视盒子硬件，并不提供内容（竞争对手称内容系本案共同被告所提供），也不就内容产生的收入参与分成，而我公司因为无法向法官出示竞争对手参与分成的证据，自然不能将竞争对手死死咬住。

我从三个角度破解了上述三个难题。

其一，联系了熟悉知识产权，尤其是著作权领域的学者和法官朋友，请教了非独家权利在何种情况下可以独立维权，最后确定了由我公司上游版权方向我公司出具声明，声明由我公司独立维权，维权收入归我公司所有，上游版权方不再进行维权。这个声明函后来得到了法官的认可。

其二，重新取证。既然法官、竞争对手屡次质疑本案重要证据关于电视盒子的来源和清洁性，那我就必须保证重新取证的盒子的来源和清洁性无懈可击。经过又一番排查，我们发现竞争对手在四川区域的侵权行为仍在延续。因此，我特意飞往了几趟四川，在当地商务同事的帮助下，通过公证购买、公证安装等安排（其间困难也不少），解决了盒子来源的合法性以及清洁性问题。

其三，竞争对手一直坚称自己只生产电视盒子硬件，并不提供内容和参与内容收入分成。那么，如何证明竞争对手参与内容分成呢？这点可把我难坏了（虽然我们知道竞争对手不仅提供硬件电视盒子，同时也提供内容和参与分成，但是苦于没有证据）。我仔细查询了竞争对手的网站，对方网站上提到了自身影视内容资源丰富，但是单纯从这点并不能推出竞争对手提供内容和参与内容收入分成的结论。

于是，我在百度上搜索竞争对手的相关信息，搜了一百多页，每一条都仔细看。终于功夫不负有心人，有一个在证监会官网披露的文件引起了我的注意，原来是一年前有一家上市公司拟收购竞争对手，故此在证监会官网、巨潮资讯网站披露了关联交易预案，预案里明确提到竞争对手不仅生产硬件，还提供内容和参与内容收入分成，并有具体的合作方名称和分成数据。我不禁眼前一亮。我将此部分证据交给法官，竞争对手律师狡辩说这个披露的交易文件内容不属实，我当时就请书记员将他们的发言记入笔录，然后我指着竞争对手的律师严厉地说，如果你们说交易文件作假，庭审结束后我马上去证监会举报你们！对方不得不认可我们所主张的事实。

最后，经过我和王磊律师的努力，此案一审胜诉。竞争对手高层很重视，马上要求法务和律师提出上诉。在二审中，他们来了一招“围魏救赵”，起诉了我公司的母公司（虽然有点无耻，但我客观评价这确实是一步好棋），母公司迫于压力（确实有把柄握在人家手里）给我公司施压，后来我公司不得已与竞争对手签署了《和解协议》，也算是取得了最终胜利吧。

2）应诉

诉讼的另一部分工作是应诉，就是作为被告的委托代理人坐在被告席上。别以为应诉就是“受气包”，只能坐在被告席上被原告方一顿数落。应诉自有它的价值。

第一，应诉是为了维护公司的声誉及公众形象。可以这样说，并不是所有的被告都是十恶不赦的，有可能原告的动机不纯或也同样存在一些问题（如原告虽然起诉你们公司违约，也有可能是他们公司违约在先）。此外，有的公司作为原告其实挺无耻的，这边刚跟你诉讼开庭，八字还没一撇呢，它就开始公关了（如在公关稿上宣告自己已经胜利并对被告方污蔑讽刺等），搞得网上沸沸扬扬，十分讨厌。因此，应诉可以说是为了公司的荣誉而战。如果因为法务没有尽力应诉，导致法院最终做出了对公司不利的判决，不但会使公司形象受损，也是法务职业生涯的一个污点。

第二，通过应诉来为公司减少损失。比如，我在某公司做法务的时候，因为在我入职之前公司手机产品的应用商店中有很多个人用户上传侵权电子书，故此公司被一些信息网络传播权维权圈知名的律师起诉。当时，这些律师想了很多手段来对付我们，我也想了很多办法来应对。双方你来我往，不亦乐乎。后来，估算下来为公司减少了近千万元的损失。我在另外一家公司负责法务工作的时候，为了处理公司版权的历史遗留问题，共参与处理版权诉讼和纠纷一百余起，涉案标的数千万元，最后给公司至少节省费用达数百万元。

第三，法务可以通过应诉工作了解公司管理、经营上的漏洞，总结这些问题产生的原因，并向公司相关领导或部门通报，以便改进或优化流程。例如，我刚开始做法务的第一个案子，就是去天津滨海新区法院应诉劳动争议案件。当时，通过劳动者之口了解到公司包括HR部门工作上的疏漏。庭审结束之后，我通过向相关领导的汇报，对HR部门工作上的改进产生了一定积极影响。

那么，法务虽然被动地坐在了被告席上，如何去积极地应诉呢？

首先，我们要仔细分析“病情”，就是要充分了解讼争焦点的事实、法律适用、裁判走向。我刚到某公司做法务的时候，在那之前从没有接触过信息网络传播权的诉讼事宜，但是我马上找到业务同事详细了解了侵权的事实，并且找到了相关领域的学者、法官和律师朋友，还买了相关专著，收集了相关案例，并迅速学习，了解和分析了最后可能的结果。

其次，制订应对方案。收到法院传票后，我们一般采取“拖字诀”，马上提出管辖权异议。提了管辖权异议之后，我们应对的时间就比较充裕了，既可以充分了解事实和研究裁判思路，也可以跟对方去谈和解。管辖权异议一般情况下会被驳回，有的被告再去上诉，这样半年基本上就过去了（对某些经营不是很乐观的原告，可能在这期间就破产了，到时候即使开庭，原告来不来得了都是个问题）。当然，这里不是劝被告故意提出管辖权异议，如果是抱着和解的目的，也可以不必提出管辖权异议以免引起法官的反感。其实我们完全可以跟法官商量，请他给宽限一段时间并请他做原告工作，一般法官是会理解并提供帮助的。

庭审时，作为被告，那么自然就是各种“挑毛病”。“挑毛病”无非是从两个角度，一个是事实层面，比如原告取证上面是不是有瑕疵；另一个是法律的适用是不是有问题。例如，我在某公司负责法务工作的时候，由于领导引入版权时的一些问题导致版权有瑕疵，这被一些维权律师取证后起诉了。有一次，我在广州某法院参加庭审的过程中，除了挑原告方版权链上的瑕疵，在查看对方取证录像时，我发现公证书上文字描述的跟录像里的不一致。公证书里表述的是两个公证员手持摄像机对现场进行了拍摄，然而，取证视频中明显是原告方的律师自己拿着摄像机拍摄的。因为是对着电视取证，屋子并没有拉窗帘导致电视屏幕是反光的，像镜子一样，通过这个“镜子”我能看到原告方律师的一举一动。我当庭就向法官提出质疑，但因为这个事情牵涉到公证部门，法官表示无法对此事进行判断。于是，我就去了出证的公证处进行投诉。公证处肯定不愿意承认这个事实，后来我又去了当地的司法部门和公证协会投诉，以上无疑也给对方增加了诉讼上的压力。

破除原告不合理的幻想。例如，我曾遇到过这样的情况，某公司被某版权方起诉了。版权方称该公司的一部作品的权属有问题，而他们才是这部作品的权利人（在版权圈，因为早期授权很不规范，这种“真假孙悟空”的情况较为常见）。我马上联系到原告律师及法务想要谈和解，但是原告律师狮子大开口，漫天要价。实际上，这种影视作品的信息网络传播权侵权案件，如果不是知名作品或新热作品，一般情况下法院判赔的标准是每部作品三万元左右，而对方律师一张嘴就是大几十万元甚至上百万元。我估计这个地级市的律师以前都未必碰到过这类案件，故此对索赔额有很多幻想。为了帮他破除幻想、认清现实，我找到了很多相关案例发给他（同时，我也发给法官作为参考）。最终，法官并没有支持他的高判赔诉讼请求。

兵来将挡，水来土掩，在与原告的攻防中消耗掉原告的耐心和过高期望。有时，在原告方愤怒的情况下，你可能还会面临原告方全方位、立体式的打击。比如，我在某公司负责处理信息网络传播权诉讼的时候，原告律师不光在法院起诉我们，还通过行政投诉的方式，请文化执法部门约谈我们。我当时去文化执法总队向执法老师如实汇报了情况，并坦言现在尚在法院庭审阶段，还未做出判决，因此结果还不明确，如果文化执法部门现在就做出行政处罚，万一与将来法院的判决不一致，恐怕就不妥当了。执法老师也表示待法院最终生效判决出来后再说。我回到单位，椅子还没坐稳，就又接到某知名媒体的电话，说要对我们侵权的事情进行采访，于是我又去该媒体灭火。我的意见是，在最终判决生效之前，媒体的任何报道都可能是有失偏颇的，且会对媒体的权威性和公信力产生负面影响。此外，又跟主编、编辑进一步沟通了一下，于是又把原告律师在媒体方面放的火也给熄灭了。原告律师连续几把火都没有放起来之后，气焰就没有那么嚣张了。这无疑对后期我们压低赔偿金额产生了极大的作用。

另辟蹊径。从合同的角度，如果原告告你违约，你完全可以提出一些抗辩，比如提出对方有违约的情节。除此之外，打击对方的关联公司也是一个好方法。上文我提到过，我代表公司起诉某电视盒子硬件公司未经授权使用我公司影视作品，侵犯我公司信息网络传播权之后，该公司的法务和律师有一招用得很妙。因为被告与我们的母公司是有合作的，据说我们母公司有些应付账款迟迟没有支付给被告。故此，被告就以我们母公司违约为由诉至法院。母公司是国企，领导一听被人告了马上敦促我们，希望尽快和解，当时给我也造成了很大压力（我怎么会料到母公司竟然还会拖欠被告款项）。不得不说，这是被告的一步好棋。

6. 商务谈判与纠纷处理

法务经常会参与商务谈判和纠纷处理，并提供法务支持，这是法务工作一个很重要的部分。

一般商务谈判和纠纷处理会在两个场景下产生：一个是因为合同纠纷而产生，另一个是因为侵权纠纷而产生。因合同纠纷而产生的情况，既有合同没有订立之前的商务洽谈环节产生的纠纷（如双方法务就合同条款进行沟通甚至是争吵），也有在合同已经成立并生效之后在履行过程中所产生的各种问题，还有在合同解约上所产生的各种问题。另外就是因侵权纠纷而产生的情况，如侵犯知识产权、名誉权等所导致的纠纷。

面对商务谈判或纠纷，作为法务最重要的是先要了解事情的背景，分析和衡量双方的实力和成本。要知道，每个商务谈判背后除了地位和实力，还有一个成本衡量的问题，双方想要得到的利益与彼此要付出的时间、金钱，乃至声誉上的损失相比如何。这需要法务多方了解信息，掌握对方的谈判成本和砝码，知己知彼，方能百战不殆。然后，法务再制订相应的计划与对策。最后，在谈判的时候要做到有理有利有节。当然，最关键也是最核心的一句话是“实力是后盾”，在绝对的实力面前，再多的演技也是白搭。

下面我列举三个以前我处理过的商务谈判案例，给大家一些直观的感受。

第一个例子是一次不是很成功的商务谈判，这次谈判充分印证了“没有砝码的谈判等于白谈；在绝对的实力面前，再多的演技也是白搭”。这个事情的背景是这样的，我在某公司负责法务工作时，公司有一个业务团队与上海某著名互联网公司合作开发了一款手机记事本 App 产品（类似于“印象笔记”）。公司提供平台，对方提供研发团队和服务器等资源，然而令我吃惊的是，双方对这么重要的合作竟然没有书面的协议对双方权利义务（最重要的是数据和客户资源的归属）进行约定。后来，我所在的这家公司把对方几乎大半个研发团队（包括团队领导）都给挖过来了。对方对此非常愤恨，一度把服务器给停了，导致用户笔记本数据丢失，引起大量投诉和用户流失。

公司商务及技术人员跟对方沟通了多次，对方置若罔闻，依旧我行我素。公司领导也觉得很棘手，于是让我和商务同事去一趟上海约对方领导会面，并交代此次谈判的唯一目的就是把对方服务器中的相关数据妥善地转移到我们公司来。另外，他还加了一句，免费弄过来。我一听头就有点大，如果这么做，那对方就等于赔了夫人又折兵，这么长时间白干了不说，还贡献了团队、客户和数据。领导的要求颇让我为难，但我想到这也是为了公司的利益，故此还是约好业务团队领导一起出差去了上海。

出差前，我跟业务领导详细了解了对方领导的情况。业务领导说这个人还是很厉害的，极其有定力，基本上属于泰山崩于前而色不变的类型。据说有一回，一个被他开掉的员工在他面前大吵大嚷，把他的办公桌整个掀翻了，他竟然“我自岿然不动”。我听罢暗竖大拇指，真是个纯爷们儿。我跟业务领导商量了一下谈判分工，他因为跟对方平时联络较多，且本身性格也不是特别强硬，为了留条后路以便日后好相见，故此让他来扮白脸，而黑脸则由我这个法务来扮。

谈判过程果然极其艰难，对方死活不松口，扬言不给钱就不给数据。这种毫无砝码硬谈的感觉委实不好。我一看我们业务领导好话也说尽了，没有任何意义，我当时拍案而起，慷慨陈词，直陈对方违约给我们所带来的巨大损失。当时，桌子上的水都被我拍洒了，估计桌子也受了内伤。出乎我意料的是，我瞥见对方领导的手一直在发抖，但他并未给出任何表态。业务领导于是按事先约定好的套路连说兄弟息怒，并把我拉出来商讨对策。他对我说：“你演技不错啊，中戏毕业的吧？”我说：“你可别闹了，我演技再好有啥用，最终还是要看结果。数据毕竟握在人家手里，数据归属当初也是没约定清楚的，我就是好莱坞影帝附体又有什么用啊。”

再举一个例子，我以前曾经在某公司担任法务负责人和董办主任。有一年，我们这家公司参加了国际骨科年会。这个年会的场面还是非常大的，基本上国际、国内著名的医药及医疗器械公司悉数亮相。公司也在年会现场租了场地、建了展台。国际巨头如强生（Johnson & Johnson）、史赛克（Stryker）等场地宽阔、展台宏伟，而我们虽然是国内细分行业的头部公司，但由于是民营企业，成本的控制还是很严的，故此展台总给人一种外强中干的感觉。市场部的同事为这次办展台充分施展了砍价大法，把价钱压得非常低，但供应商也同意了。结果，到骨科年会开会当天，我们展台二层的“贵宾区”地板发生断裂，摇摇欲坠。这里本来是想安排国内知名骨科专家及大客户喝茶聊天的，但是竟然裂了，还被场馆管理人员拉上了警戒线，跟犯罪现场似的，令人非常尴尬。老板怒了，责成我会同市场部的同事把供应商拎来好好谈一谈，让他们承担责任。

我详细了解了一下背景，市场部的同事确实把展台布展商的价格压得很低了，如果供应商再按照领导经常念叨的“高端大气上档次”的标准来布展，必然导致其无利可图甚至还搭钱，所以肯定不会投入更多的人工物料甚至偷工减料，以至于发生这种情况。万幸的是，我们压着供应商相当一部分尾款没有支付，故此我们底气十足。于是，我们火速把供应商约到公司面谈，并且表示不仅不支付尾款，还要索赔。供应商负责人半晌不发一语，后来他脸涨得通红，起身嚷道：“你们做人太狠了，等着瞧吧！”据说后来他给市场部的人打电话扬言要闹事，但最终也不了了之。这次谈判我们毫无疑问属于成功的一方，究其原因，就是合同约定的是分期付款，因为尾款没有支付，很大一部分钱还是在我们的口袋里，所以不用看对方的脸色。对方也清楚因为偷工减料给我们造成一定的损失和不便，所以后来就没有再找过我们索要尾款。

再举一个我代表公司跟上游版权方谈合同解除的例子。公司从台湾地区某知名电视台采购了一部大家耳熟能详的经典电视剧，但是向下游发行的时候效果很不理想，然而首款已经支付了，按合同约定我们肯定还要继续支付。为了及时止损，我们领导想就此果断终止该合同。此前，在法务尚没有参与的时候，商务已跟对方进行了多次线上沟通，甚至还在香港进行了一次线下面谈，但是对方坚持要继续合作（就是继续要钱），不同意我们单方面解除合同。我接手此事后，了解到对方相当诚信，没有任何违约的情况，根本不给我挑刺儿的机会。我再把合同颠过来倒过去地看，实在是不能符合单方解除的条件。如果单方解除，还要面临巨额违约赔偿。

很显然，这种情况那就只能带着一片真心、一腔诚意“生谈”了，于是，我请商务同事约公司商务领导以及对方领导在上海国际电影节的时候面谈。会谈时，商务领导和我晓之以理、动之以情、诱之以利（最重要的是“诱之以利”），向对方领导坦率地表达了目前经济形势不太好，从前期我们发行的结果来看并不是很理想，估计成本都很难收回来，如果继续履行的话，对我们来说是很大的损失，要我们继续支付肯定做不到了，而且退一万步讲，即使要追究我们的违约责任肯定也要付出一定的成本（毕竟对方在台湾地区）。人生不止眼前的苟且，还有诗和远方的田野。如果我们把眼光从目前的琐屑与龃龉移开，放眼未来，凭借我们公司在大陆发行领域的优势和资源，还能有进一步合作的空间，未来可期！对方电视台的领导最后也妥协了，因为他也意识到要顾及我们公司在大陆影视作品分发领域权威的地位，以后合作的机会还多的是。后来，我们签了一个补充协议，终止了合同的继续履行，这个事情算是妥善解决了。

关于纠纷处理，我下面也列举三个我自己处理过的案例，与大家分享。

第一个例子，我在某公司负责法务工作的时候，处理了一个讹诈事件。事情背景是这样的，我们有一款手机安全 App 产品（类似于手机管家 App），可以帮手机杀毒、屏蔽骚扰电话等。有一天，该产品团队的领导突然找到我，说有人给公司董事长写了一封信，说我们这款产品在用户晚上睡觉时自行操控手机下载用户数据，涉嫌私自下载用户的数据，侵犯用户隐私，如果不及时妥善处理给出满意答复，他会动用媒体手段在央视

“3·15晚会”上曝光。于是，我马上去找产品经理确认是否可能有这种情况。产品经理觉得不可思议，他说我们不会擅自动用客户的个人信息或隐私数据，他觉得这里边可能有猫腻。我说，那你给我派个工程师跟我一起去谈。

我们跟对方约在了北京亦庄经济开发区的某个茶楼会面，进了包间之后发现对方有好几个人。我让对方出示取证视频，要不然没法继续谈，对方只好给我们展示了视频。视频中，我看到在昏暗的灯光下手机屏幕上的程序就像“无人驾驶”一样自行操作，但我当时并不确定他们是如何操纵的，于是中途我跟工程师同事使了个眼色示意出去说话。出来后，他悄声告诉我说是假的，虽然视频中没有看到有人操纵，但他敏感地听到了轻微的鼠标移动和点击的声音。很明显，对方是用鼠标来控制手机的，他们就是来讹诈的。这下我心里就有底了。回到包间后，我拉下脸说道：“你们也不要跟我讲什么‘3·15晚会’了，还是为你们自身的安全考虑一下吧。你们这种事情我见得多了，能不能把技术含量提升上去。我警告你们，如果你们再骚扰我们的话，敲诈勒索罪你们都懂。”对方顿时显得特别沮丧。后续果然再没有收到他们的任何消息。

再讲一个我跟患者家属谈判的事。我在某公司负责法务时，北京市某医院骨科主任给我们商务负责人打电话，说我们有一款人工关节产品出了问题，患者家属正在医院闹呢，要求我们尽快处理。经了解，患者是一位八十来岁的老人，几年前因股骨头坏死做了髋关节的置换。前不久，他在踩着凳子取高处的东西时不小心从凳子上摔了下来，摔下来的时候正好是做过手术的那条腿单腿接触地面，劲力是如此之寸，直接把手术植入的人工髋关节弄断了。这种情况下，只能重新手术，打开刀口，再置换一个进去。但老人年事已高，整个手术过程相当痛苦。患者儿子要求来我们公司面谈，当时领导指示我作为法务参与处理。

我本来以为患者儿子可能会情绪激动，甚至会有打闹的情况发生，心里较为忐忑。但令我吃惊的是，患者儿子来了之后异常平静，他当众掏出了一个大信封，从信封里掏出数十张老人做手术及恢复的照片，照片中老人异常痛苦，给我的领导和我造成了比较大的视觉冲击。我们商务负责人情绪抽离得很快，原来他曾经是国内某知名医院的骨科医生，对产品和这种情况的处理了然于胸。他说这种情况发生的概率非常小——人双腿站立时每个股骨头承受的是人体四倍的重量，但是如果单腿站立，站立一侧的股骨头要承受人体八倍的重量，再加上突然向下坠落的剪切力，那就相当之大了。另外，多年使用也会产生金属疲劳，足以使人工关节断裂。

我也从法务角度进行劝解，主要目的是让患者家属知道即便是通过诉讼方式维权，非但实现成本很高，也未必能达到目的。患者听罢，也表示了一定的认可，但还是希望得到合理赔偿。我们倒不是不想赔偿，只是他刚开始要求的赔偿金额太高了。后来，我们跟他又反复谈了几次，终于取得了一致。后来，领导给了我一张银行卡，由我取出现金上门交给他。在给他现金之前，他先按我的要求当面签署了我提前草拟的《和解协议》，承诺收款后再也不会找公司麻烦。另外，我还向他索要了患者这次手术后取出的断裂的人工关节（我们要进行技术鉴定看是否有技术缺陷）。为了表示感谢，他特意开车把我送到地铁口。途中聊天期间，他有意无意间突然问了我一句，听说你们公司正在谋划上市？我认为他肯定话里有话（如果对方不是善茬，完全可以以去证券监管机关闹事相要挟）。我就说："嗨，别信那些，都是扯淡的事儿，别人捕风捉影的。"

最后，我再讲一个比较极端的纠纷处理的例子，这是个算不上成功的案例，也体现了作为法务的无奈。

我刚转型做法务不久，就遇到了公司跟非典型供应商产生纠纷的事情。[①] 当时，我所在的公司属于家居建材零售行业，业务条线分为软装和硬装，软装包括门窗、家具、灯具、布艺等。软装下面又分不同条线，由

---

① 具体细节可以登录我的微信公众号"辉哥说法"，阅读我写的职场短篇小说，里面内容描写得更具体、更精彩。

相关人员进行管理，比如木门就有一个经理（我们姑且称之为谭乌吧）在管。问题就出在他这里。谭乌刚接手木门条线管理不久，就开始对木门供应商进行重新筛选和排名。其中有一个知名的木门供应商，原本一直销量排在前三，但出乎意料的是，谭乌把这家供应商给淘汰了，更过分的是，他在未征得对方同意的情况下，擅自把对方展示的木门样品给强行拆除了，弄得破破烂烂直接扔到仓库角落去了。

对方老板本来到北京总部来申诉，结果因为申诉无门（无人搭理）而大吵大闹，被资产保护部负责人（一个老外）直接给推搡出去了。对方老板咽不下这口气，从东北某地工厂里拉了两车人赶到我们当时在某直辖市营业额最高的一个门店，直接把前后门都堵住了，不让正常营业，还把前来购物的消费者直接赶走了。虽然店里已经报警，但警察表示这属于企业之间的经济纠纷，无法介入。

我就是在这个时刻临危受命的。我印象非常深刻，那是一个星期五的午夜，总裁突然给我打电话，称明早 9 点在某直辖市某门店有一个重要商务谈判，要我务必准时参加，但他并没有向我交代上述背景（我后来得知其实他也不知道实际情况）。第二天早上，我很早就爬起来赶最早的一班高铁，终于准时赶到该门店并在店外见到了我们的总店长。他跟我交代了事情的来龙去脉，我心里有一些恐惧。等我们刚一进会议室，总店长竟然乖溜溜地主动站在了墙角，我再定睛一看，吃惊不小——这家店的店长、店长助理、财务负责人、人力负责人等重要人物都挨着墙站，就像被罚站了一样。我心想这谈判都谈到墙边上去了，还谈什么啊！我壮着胆子拉了一把椅子就坐在了对方老板和他父亲面前（整个屋子里其他人全部站着，包括他们带来的满是文身的壮汉小弟）。刚开始他们有点吃惊，我很坦率地表示要了解他们的诉求。他们表示自己的诉求很简单，就是要跟总裁当面谈。我说总裁人在香港，暂时回不来，我可以转达，然后约个时间再谈，但是如果你们继续封店，造成的损失就太大了，以后就没法商量了。我还顺带提了一下总裁跟市委领导比较融洽的关系以及当地政府对公司的大力支持。

然后，我出去联系了总裁，他刚开始情绪激烈。言语间，我意识到他掌握的信息并不充分，他根本就不了解事情的背景和现在严峻的形势。于是，我将现场的情况如实向他进行了汇报，并帮他权衡了一下利弊。他恍然大悟，终于表示可以一谈。我又回到会谈现场，告知对方我们总裁同意面谈，但需要他们先表示出诚意，让门店恢复正常营业。对方思考片刻，表示可以开放门店入口让顾客正常进出，但把守出口的人不能撤，因为担心总裁不讲诚信。就这样，门店暂时恢复了营业。因为这次救火，总裁在美国总部法务部门领导面前对我一番赞扬。

7. 上市事务

“上市”一般指“首次公开募股”（IPO），符合条件的公司登陆资本市场，通过资本市场进行融资以及资本运作。

我在上学时刚听说“上市”这个词时，还以为是什么新产品“上市”的意思呢。上市对公司来说，不仅有利于筹集资本（一旦登陆资本市场，投资机构、广大股民朋友都有可能买你们公司的股票成为股东），实现股东股权溢价（资本市场造富的传说想必各位早有耳闻），实现行业整合（以前没钱收购别人，现在拿自己公司的股票就能收购了），有利于公司管理（以前是草台班子，现在为了上市必须规范化运作了），有利于品牌建设（君不见有的公司在自己的产品或宣传材料上还印上自己公司的股票代码，以此凸显实力），有利于激励核心员工（上市前都会进行员工股权激励，那些陪伴公司成长的核心员工如果被选中参与了股权激励，上市后所持有股票的价值可不仅仅是那点工资、年终奖所可以比拟的了）。

当然，并不是每个法务朋友都有机会参与上市的流程。毕竟，仅以A股来说，上市公司目前不到五千家。并不是每家公司都有上市的机会，能上市的都是在细分行业名列前茅的。对法务来说，能在拟上市公司工作并参与公司上市的整个流程，还是非常珍贵和有意义的一段经历——不仅能开拓自己的视野（很多法务朋友对资本市场和所在行业、公司其实知之甚少）、提高自己的身价（去招聘网站上看那些需要IPO经验法务职位的薪酬带宽就明白了），还能让自己对公司合规工作有更为深刻的认识。此外，如果被股权激励了，那对处于公司“清水衙门”法务部的朋友来说实在是令人心潮澎湃。毕竟，“人生发财靠康波”[①]，一生赚钱翻身的机会就那么几次，错过就错过了。

一般情况下，拟上市公司可以在国内上市，也可以在国外上市，还可以既在国内上市，又在国外上市。它们通常选择中国（上交所、深交所、北交所、港交所等）、美国（纳斯达克、纽交所）几处交易所上市，很少选择在其他交易所（如伦敦、新加坡、韩国、越南等地的交易所）上市。除了上市地之外，为了满足不同类型、阶段、规模公司的融资需求，资本市场也是分层次的（我们将其叫作“多层次的资本市场”）。以我国为例，我国的多层次资本市场包括主板、创业板、科创板、新三板/北交所、区域性股权交易中心等。

但无论是哪个地方或哪个层次的资本市场对公司上市都是有门槛的，并不是你开个两元店或弄个修鞋摊就能上市。上市的要求一般包括主体资格、规范运行、财务指标等要求，表3-4对国内上市要求进行了举例，以方便大家对比查看（不过，请大家注意，各资本市场的要求也会发生变化）。

---

① 周金涛先生有一句名言“人生发财靠康波”，这句话的意思就是说我们每个人实现财富积累一定不要以为是因为自己多有本事，财富积累完全来源于经济周期运动的阶段给你带来的机会。周金涛，曾任中信建投首席经济学家、证券研究部董事总经理。他长期从事宏观策略研究，并在中国的工业化国际比较和经济周期研究、虚拟经济与实体经济关系等方面形成了独特的逻辑框架和思维体系，是中国康德拉季耶夫周期理论研究的开拓者。周金涛先生多次成功预测了全球资产价格波动的重要拐点，并因此享有“周期天王”的美誉。

表 3–4　国内主板、科创板、创业板、北交所上市条件对照[①]

	主板	科创板	创业板	北交所
企业类型	发行人是依法设立并存续的股份有限公司。	重点推荐下列领域的科技创新企业：新一代信息技术领域、高端装备领域、新材料领域、新能源领域、节能环保领域、生物医药领域。	主要服务成长型、创新型企业，支持传统产业与新技术、新产业、新业态、新模式的深度融合。	发行人为在全国股转系统连续挂牌满 12 个月的创新层挂牌公司。
经营年限	股份公司自成立后持续经营 3 年以上；有限公司按原账面净资产值折股整体变更为股份公司的，持续经营时间可以从有限公司成立之日起计算。	持续经营 3 年以上。	持续经营 3 年以上。	发行人为在全国股转系统连续挂牌满 12 个月的创新层挂牌公司。
规范性	发行人已经依法建立健全股东大会、董事会、监事会、独立董事、董事会秘书制度，相关机构和人员能够依法履行职责。内部控制制度健全且被有效执行，能够合理保证财务报告的可靠性、生产经营的合法性、营运的效率与效果。	发行人会计基础工作规范，财务报表的编制和披露符合企业会计准则和相关信息披露规则的规定，在所有重大方面公允地反映了发行人的财务状况、经营成果和现金流量，并由注册会计师出具标准无保留意见的审计报告。	会计基础工作规范，财务报表的编制和披露符合企业会计准则和相关信息披露规则的规定，在所有重大方面公允地反映了发行人的财务状况、经营成果和现金流量，最近 3 年财务会计报告由注册会计师出具无保留意见的审计报告。	具备健全且运行良好的组织机构；具有持续经营能力，财务状况良好；最近 3 年财务会计报告无虚假记载，被出具无保留意见审计报告；依法规范经营。

① 请大家注意，发行条件可能会随着时间推移而发生变化。

续表

	主板	科创板	创业板	北交所
		发行人内部控制制度健全且被有效执行，能够合理保证公司运行效率、合法合规和财务报告的可靠性，并由注册会计师出具无保留结论的内部控制鉴证报告。	发行人内部控制制度健全且被有效执行，能够合理保证公司运行效率、合法合规和财务报告的可靠性，并由注册会计师出具无保留结论的内部控制鉴证报告。	
独立性	发行人应当在招股说明书中披露已达到发行监管对公司独立性的基本要求。	资产完整，业务及人员、财务、机构独立，与控股股东、实际控制人及其控制的其他企业间不存在对发行人构成重大不利影响的同业竞争，不存在严重影响独立性或者显失公平的关联交易。	资产完整，业务及人员、财务、机构独立，与控股股东、实际控制人及其控制的其他企业间不存在对发行人构成重大不利影响的同业竞争，不存在严重影响独立性或者显失公平的关联交易。	无。
稳定性	发行人最近3年内主营业务和董事、高级管理人员没有发生重大变化，实际控制人没有发生变更。 发行人的股权清晰，控股股东和受控股股东、实际控制人支配的股东持有的发行人股份不存在重大权属纠纷。	主营业务、控制权、管理团队和核心技术人员稳定，最近2年内主营业务和董事、高级管理人员及核心技术人员均没有发生重大不利变化；控股股东和受控股股东、实际控制人支配的股东所持发行人的股份权属清晰，最近2年实际控制人没有发生变更，不存在导致控制权可能变更的重大权属纠纷。	主营业务、控制权和管理团队稳定，最近2年内主营业务和董事、高级管理人员均没有发生重大不利变化；控股股东和受控股股东、实际控制人支配的股东所持发行人的股份权属清晰，最近2年实际控制人没有发生变更，不存在导致控制权可能变更的重大权属纠纷。	无。

续表

	主板	科创板	创业板	北交所
持续性	发行人应当具有持续盈利能力，不得有下列影响持续盈利能力的情形： （一）发行人的经营模式、产品或者服务的品种结构已经或者将发生重大变化，并对发行人的持续盈利能力构成重大不利影响； （二）发行人的行业地位或者发行人所处行业的经营环境已经或者将发生重大变化，并对发行人的持续盈利能力构成重大不利影响； （三）发行人最近一个会计年度的营业收入或者净利润对关联方或者存在重大不确定性的客户存在重大依赖； （四）发行人最近一个会计年度的净利润主要来自合并财务报表范围以外的投资收益； （五）发行人在用的商标、专利、专有技术以及特许经营权等重要资产或者技术的取得或者使用存在重大不利变化的风险； （六）其他可能对发行人持续盈利能力构成重大不利影响的情形。	具有持续经营能力。发行人不存在主要资产、核心技术、商标等的重大权属纠纷，重大偿债风险，重大担保、诉讼、仲裁等或有事项，经营环境已经或者将要发生重大变化等对持续经营有重大不利影响的事项。	具有持续经营能力。发行人不存在主要资产、核心技术、商标等的重大权属纠纷，重大偿债风险，重大担保、诉讼、仲裁等或有事项，经营环境已经或者将要发生重大变化等对持续经营有重大不利影响的事项。	具有持续经营能力。

续表

	主板	科创板	创业板	北交所
合法合规	发行人的生产经营符合法律、行政法规和公司章程的规定，符合国家产业政策。 发行人不得有下列情形： （一）最近36个月内未经法定机关核准，擅自公开或者变相公开发行过证券；或者有关违法行为虽然发生在36个月前，但目前仍处于持续状态； （二）最近36个月内违反工商、税收、土地、环保、海关以及其他法律、行政法规，受到行政处罚，且情节严重； （三）最近36个月内曾向中国证监会提出发行申请，但报送的发行申请文件有虚假记载、误导性陈述或重大遗漏；或者不符合发行条件以欺骗手段骗取发行核准；或者以不正当手段干扰中国证监会及其发行审核委员会审核工作；或者伪造、变造发行人或其董事、监事、高级管理人员的签字、盖章； （四）本次报送的发行申请文件有虚假记载、误导性陈述或者重大遗漏；	发行人生产经营符合法律、行政法规的规定，符合国家产业政策。 最近3年内，发行人及其控股股东、实际控制人不存在贪污、贿赂、侵占财产、挪用财产或者破坏社会主义市场经济秩序的刑事犯罪，不存在欺诈发行、重大信息披露违法或者其他涉及国家安全、公共安全、生态安全、生产安全、公众健康安全等领域的重大违法行为。 董事、监事和高级管理人员不存在最近3年内受到中国证监会行政处罚，或者因涉嫌犯罪被司法机关立案侦查或者涉嫌违法违规被中国证监会立案调查，尚未有明确结论意见等情形。	发行人生产经营符合法律、行政法规的规定，符合国家产业政策。 最近3年内，发行人及其控股股东、实际控制人不存在贪污、贿赂、侵占财产、挪用财产或者破坏社会主义市场经济秩序的刑事犯罪，不存在欺诈发行、重大信息披露违法或者其他涉及国家安全、公共安全、生态安全、生产安全、公众健康安全等领域的重大违法行为。 董事、监事和高级管理人员不存在最近3年内受到中国证监会行政处罚，或者因涉嫌犯罪被司法机关立案侦查或者涉嫌违法违规被中国证监会立案调查，尚未有明确结论意见等情形。	发行人申请公开发行并上市，不得存在下列情形： （一）最近36个月内，发行人及其控股股东、实际控制人，存在贪污、贿赂、侵占财产、挪用财产或者破坏社会主义市场经济秩序的刑事犯罪，存在欺诈发行、重大信息披露违法或者其他涉及国家安全、公共安全、生态安全、生产安全、公众健康安全等领域的重大违法行为； （二）最近12个月内，发行人及其控股股东、实际控制人、董事、监事、高级管理人员受到中国证监会及其派出机构行政处罚，或因证券市场违法违规行为受到全国中小企业股份转让系统有限

续表

	主板	科创板	创业板	北交所
	（五）涉嫌犯罪被司法机关立案侦查，尚未有明确结论意见； （六）严重损害投资者合法权益和社会公共利益的其他情形。 发行人的公司章程中已明确对外担保的审批权限和审议程序，不存在为控股股东、实际控制人及其控制的其他企业进行违规担保的情形。 发行人有严格的资金管理制度，不得有资金被控股股东、实际控制人及其控制的其他企业以借款、代偿债务、代垫款项或者其他方式占用的情形。			责任公司（以下简称全国股转公司）、证券交易所等自律监管机构公开谴责； （三）发行人及其控股股东、实际控制人、董事、监事、高级管理人员因涉嫌犯罪正被司法机关立案侦查或涉嫌违法违规正被中国证监会及其派出机构立案调查，尚未有明确结论意见； （四）发行人及其控股股东、实际控制人被列入失信被执行人名单且情形尚未消除； （五）最近36个月内，未按照《证券法》和中国证监会的相关规定在每个会计年度结束之日起4个月内编制并披露年度报告，或者未在每个会计年度的上半年结束

续表

	主板	科创板	创业板	北交所
				之日起2个月内编制并披露中期报告； （六）中国证监会和本所规定的，对发行人经营稳定性、直接面向市场独立持续经营的能力具有重大不利影响，或者存在发行人利益受到损害等其他情形。
股本要求	发行前股本总额不少于人民币3 000万元，发行后公司股本总额不少于人民币5 000万元。 公开发行的股份达到公司股份总数的25%以上；公司股本总额超过人民币4亿元的，公开发行股份的比例为10%以上。	发行后股本总额不低于人民币3 000万元。 公开发行的股份达到公司股份总数的25%以上；公司股本总额超过人民币4亿元的，公开发行股份的比例为10%以上。	发行后股本总额不低于人民币3 000万元。 公开发行的股份达到公司股份总数的25%以上；公司股本总额超过人民币4亿元的，公开发行股份的比例为10%以上。	向不特定合格投资者公开发行的股份不少于100万股，发行对象不少于100人。 公开发行后，公司股本总额不少于人民币3 000万元，公司股东人数不少于200人，公众股东持股比例不低于公司股本总额的25%；公司股本总额超过人民币4亿元的，公众股东持股比例不低于公司股本总额的10%。

续表

	主板	科创板	创业板	北交所
市值及财务指标	（一）最近3个会计年度净利润均为正数且累计超过人民币3 000万元，净利润以扣除非经常性损益前后较低者为计算依据； （二）最近3个会计年度经营活动产生的现金流量净额累计超过人民币5 000万元；或者最近3个会计年度营业收入累计超过人民币3亿元； （三）发行前股本总额不少于人民币3 000万元； （四）最近一期末无形资产（扣除土地使用权、水面养殖权和采矿权等后）占净资产的比例不高于20%； （五）最近一期末不存在未弥补亏损。	市值及财务指标应当至少符合下列标准中的一项： （一）预计市值不低于人民币10亿元，最近两年净利润均为正且累计净利润不低于人民币5 000万元，或者预计市值不低于人民币10亿元，最近一年净利润为正且营业收入不低于人民币1亿元； （二）预计市值不低于人民币15亿元，最近一年营业收入不低于人民币2亿元，且最近3年累计研发投入占最近3年累计营业收入的比例不低于15%； （三）预计市值不低于人民币20亿元，最近一年营业收入不低于人民币3亿元，且最近3年经营活动产生的现金流量净额累计不低于人民币1亿元； （四）预计市值不低于人民币30亿元，且最近一年营业收入不低于人民币3亿元；	市值及财务指标应当至少符合下列标准中的一项： （一）最近两年净利润均为正，且累计净利润不低于人民币5 000万元； （二）预计市值不低于人民币10亿元，最近一年净利润为正且营业收入不低于人民币1亿元； （三）预计市值不低于人民币50亿元，且最近一年营业收入不低于人民币3亿元。	市值及财务指标应当至少符合下列标准中的一项： （一）预计市值不低于人民币2亿元，最近两年净利润均不低于人民币1 500万元且加权平均净资产收益率平均不低于8%，或者最近一年净利润不低于人民币2 500万元且加权平均净资产收益率不低于8%； （二）预计市值不低于人民币4亿元，最近两年营业收入平均不低于人民币1亿元，且最近一年营业收入增长率不低于30%，最近一年经营活动产生的现金流量净额为正； （三）预计市值不低于人民币8亿元，最近一年营业收入不低于人民币2亿元，最近两年研发投入合计占最近

续表

	主板	科创板	创业板	北交所
		（五）预计市值不低于人民币 40 亿元，主要业务或产品需经国家有关部门批准，市场空间大，目前已取得阶段性成果。医药行业企业需至少有一项核心产品获准开展二期临床试验，其他符合科创板定位的企业需具备明显的技术优势并满足相应条件。		两年营业收入合计比例不低于 8%； （四）预计市值不低于人民币 15 亿元，最近两年研发投入合计不低于人民币 5 000 万元。

当然，大家也可以自行去各大证券交易所官网上查找（图 3–6）。值得提醒的是，外国的月亮也不一定比我们的圆，美国资本市场虽然较为完善，但近几年受中美贸易战等影响，很多在美国上市的中概股公司纷纷选择退市，其中一些选择回归国内资本市场。

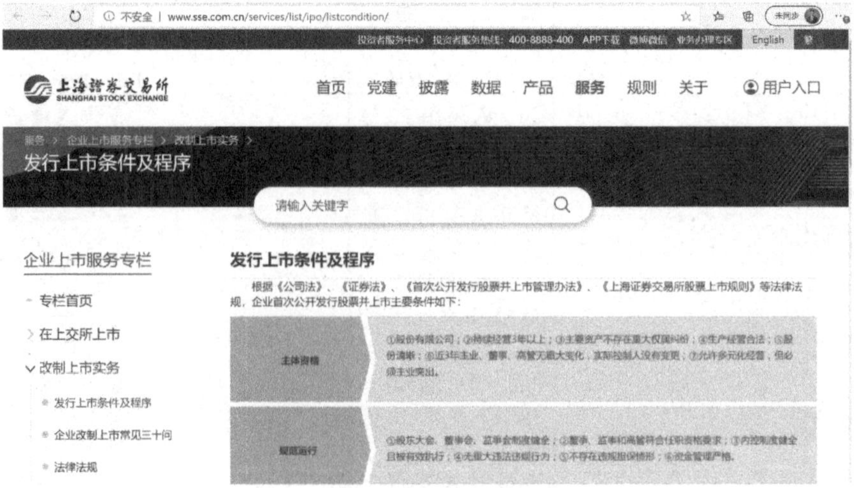

图 3–6　上海证券交易所发行上市部分条件及程序

上市的流程国内外有所不同，在国内上市一般要经历选聘中介、尽职调查、股份制改造[①]、申报审核、发行这几个步骤。由于篇幅所限，我们下面仅以国内上市为例来讲一下法务在其中所起的作用。

1）选聘中介

选聘中介是上市的起点。对国内上市来说，所涉及的中介一般包括券商（证券公司）、会计师、律师、资产评估师等。其中最重要的是券商，选定券商，可以通过券商推荐来选择其他中介。当然，如果有靠谱的律师，也可以通过他们引荐券商。上市工作事关重大，一般中介机构都是由领导敲定，但也不排除法务协助领导筛选的情况。筛选时，要看这家中介以前有无同行业或类似行业上市、挂牌的经验（有无经验可以去搜索招股说明书或公开转让说明书确认）。像我以前接触过的一些中介，虽然是通过关系推荐过来的，但是明显没做过类似行业，有的甚至是没做过相关业务拉别的做过的同事来站台的（从他们脸上的表情都能看出不是很自信）。

这里讲一下我选中介的思路：抓重点，首先，选券商（最好是头部券商），券商的排名通过公开渠道可以查询，我当时是做了一个筛选表。然后，找与本公司相同或近似行业的上市公司，去看它们的券商是哪些，从中做出选择。最后，券商选定后，再由券商选定其他中介——会计师、律师、资产评估师等。券商最好能带上自己的直投部门（我们不仅仅希望券商带我们上市，也希望能对我们进行投资）。当然，也要仔细查看拟合作的中介是否因投行业务的违规行为被监管处罚过，历史上的劣迹对未来也有重要参考意义。有的拟上市公司为了选聘中介，还搞了“比武招亲”——路演，就是邀请数家有意向的中介机构（一般是券商）参加线下见面会，公司领导在会上对行业和公司情况进行介绍并与中介进行会下面谈，以便从中选出较为靠谱的中介。然而，我个人认为如果企业不是“真香”，真正有实力的中介机构是不屑于参加这种所谓的路演的。如果企业足够好，还没等

---

① 需要注意的是，美股也可以以有限责任公司形式上市，不用进行股份制改造。

路演恐怕就已经被各家中介机构踏破门槛了吧。因此，应根据发行人自身情况来决定是否采用路演的形式。

有些公司领导对上市所知甚少，故此找的中介机构往往不靠谱，而自己还不自知甚至自鸣得意。例如，某公司领导在公司筹备上市时自己先找了某知名律所的律师（他的旧相识，根本没做过上市业务），然后才找的券商，他想让中介之间互相牵制以便他控制，结果因为律师团队极其不专业（以前没做过上市事务），与券商发生了言语冲突，进而发生肢体冲突，那位律师的合伙人虽然专业能力不行，但是“动手”能力很强，只用一个苹果作为暗器就将券商保代打了满脸花（在此之前，我一直以为苹果只能吃）。这为后来公司上市失败埋下了伏笔。

2）尽职调查

选定中介机构，签署合作协议之后，就进入了尽职调查阶段。这时，别忘记跟券商要一下上市的时间进度表，并按照进度表安排相应的工作。在这个阶段，券商和律师会发来调查问卷和尽调清单，对公司的基本情况（主要是历史沿革、股东和实际控制人、员工情况）、主要资产情况（固定资产、无形资产等）、业务与技术情况（如行业和竞争情况、合规与信用情况）、同业竞争与关联交易、公司治理与内部控制、重大合同等情况进行调查。调查问卷和尽调清单一般都是模板文件，其中有些问题并不一定适合公司情况，可以在与券商、律师沟通后根据公司实际情况进行填写（如对一些轻资产的公司，并没有厂房，一般都是租的办公场所，自然不涉及土地和厂房的问题）。需要调取工商档案的，要自己或由工商代理协助调取。此外，有一处特别需要注意，所有给中介机构的材料必须先发给领导过目或经领导准许后方可发给中介，因为有些情况领导未必想让中介知道，如果法务未经允许擅自发给中介，小心吃不了兜着走哦。

3）股份制改造

尽职调查期间，公司开始同步进行股份制改造。股份制改造，简单来说就是公司从有限公司转变为股份公司。这一转变可不简单，转变之前，公司（尤其是民营企业）可能有一些不规范的行为（如同业竞争、关联交易、内控不完善等）或治理机制不规范（如“三会”制度流于形式、形同虚设），改造之后，公司整体上正规不少，看着更顺眼了。在这一过程中，法务会协助收集（有时是指导填写）文件材料，如股东及董监高调查问卷、董监高个人征信报告等。

另外，有一个重头戏是律师会提供股改的相关文件，如职工代表大会决议，创立大会文件，董事会、监事会会议通知、议程、议案、会议记录、决议文件，表决权授权委托书，股份公司制度汇总（如股东大会议事规则、董事会议事规则、监事会议事规则、总经理工作细则、董事会秘书工作规则、关联交易管理办法、信息披露管理制度等），股份公司章程及发起人协议等。法务对上述文件材料要仔细过目，一些制度上的重要安排（尤其是表决权等安排）法务自己是不能拍板的，需要向领导汇报，由领导或者股东商议确定。在这一过程中，法务要对中介，尤其是律师的工作成果予以审核，确保万无一失。法务在整个上市过程中不能做甩手掌柜或是简单的文件收集助手，要有专业性和自己的独立判断能力，充分利用法务更懂行业和公司的特点，站在公司的角度，根据公司具体情况进行把关。

上述工作都完成后，股改进程中最令人激动人心的一步来临了，那就是工商变更。[①] 在这一过程中，法务要协调好工商代理（工商代理一定要操作过股改并且与市场监管部门关系良好），加快工商变更的节奏、保证工商变更的质量。有一点要注意，在这一步中，律师准备的材料（如股份公司章程、股东会及创立大会协议、董事会决议、监事会决议、公司职工代表大会会议决议、法定代表人授权委托书等）未必符合市场监管部门的要求，这时考验法务及工商代理沟通能力的时候就到了。

4）申报、审核阶段

这个阶段，券商会完成全套申报材料的撰写（如招股说明书、券商推

① 在有的公司这部分工作是由法务负责，而在其他公司则是由董秘办、证券部或行政部负责，这要看各公司的具体情况。

荐报告、财务报表及审计报告），律师事务所会出具法律意见书。这些文字材料在中介向证券监管机关申报前，都需要公司领导与相关部门负责人（包括法务）过目确认。申报材料确认后，需要去专业的机构校对、打印并装订成册。荣大的大名想必对资本市场比较熟的朋友早已有所耳闻（投行界关于荣大流传着一句话——“没在荣大通宵过就没干过投行”）。我曾经跟券商的保代一起去荣大“券商之家”打印材料，见识了那里校对小哥的专业素质，同时也见识了保代强悍的熬夜能力——我大概熬到后半夜一两点钟就眼皮打架、昏昏欲睡了，但是保代仍然精神抖擞、继续奋战。

申报后，证券监管机关可能会有一些问题或疑问，法务有时也会参与这些问题的反馈甚至面谈。此时，由于公司的申报材料会在公开渠道披露，一些无良媒体（含自媒体）会疯狂联系公司（一般会联系董秘，有时也涉及法务），无非是希望在公司上市中分一杯羹（如要求公司在它们的媒体上进行广告投放等）。很多公司会在这个阶段聘请财经公关公司，由它们来摆平这些无良媒体。

在 2015 年之前，财经媒体以报道拟上市公司负面信息来要挟签订广告认刊书、服务协议的行为非常猖獗。我当初在某拟上市公司负责法务和董办事务期间，招股书申报稿刚一披露，我办公室的电话就被财经媒体打爆了。一些媒体记者不惧路途遥远，不请自来，长途驱车来到公司强行会面，非得要求广告合作，一言不合就威胁报道公司的负面信息（其实大多数不是什么负面信息，都是抄袭的招股说明书里面的风险提示部分内容，一点技术含量都没有）。还有个别媒体甚至知道我在外地出差，直接跨省追踪并在当地约我会面，其强大的消息打探能力、主动的工作精神、不屈不挠的斗志实在令我叹服。在 2015 年，国家新闻出版监管机关重点打击新闻敲诈，标志性事件是《理财周报》被吊销出版许可证，多人被检察机关批捕。自此，这种歪风邪气方有所收敛。

另外，一些软件公司的维权诉求也会纷至沓来，它们会在这个节骨眼儿上要求公司进行正版化。一些竞争对手也开始举报甚至写恐吓信，我在某个公司时的领导就被恐吓过。上述这些有可能需要法务参与处理，故此请法务朋友们提前留个心眼儿。

由于篇幅所限，上面简要介绍了法务在上市过程中所起的作用和扮演的角色。相信很多在拟上市公司工作的法务朋友想进一步了解一下上市的相关专业知识，以下是我认为比较有帮助的书籍或资料。

首先，要了解资本市场，告别小白。推荐《亲历投行：中国投行的若干传言与真相》（班妮著，中国法制出版社 2013 年版）以及证券业从业人员资格考试统编教材（学有余力的朋友可以参加这个考试，我当初为了了解资本市场就特意准备并参加了这个考试，还通过了三门考试）。

其次，从法务角度出发，推荐重点阅读投行小兵的《企业上市解决之道》（法律出版社 2011 年版）和《新三板挂牌解决之道》（法律出版社 2015 年版）系列书籍。

最后，要进行行业学习与研究。建议研究与本公司相同或近似行业的公司的招股说明书或公开转让说明书，尤其要关注其中与法务相关的部分（如重大事项提示、历史沿革、股权情况、公司业务、公司治理等）。

8. 投融资事务

我们把投融资事务分成融资、投资两个部分叙述，这其实是一个硬币的两面。法务处理投融资事务时，一般融资事务会更多一些，投资事务相对较少。

1）融资

融资工作其实是一直伴随着公司发展始终的，从公司初创开始，到天使轮、A 轮、B 轮等等。直至上市之后，还可以再融资。同时，公司还可以发债融资。公司的融资方式可以简要分成股权融资和债权融资，股权融资简单说就是企业的股东以向第三方出让部分股权或吸纳第三方增资入股的方式来进行融资；债权融资就是企业对外借钱，到期还本付息。股权融资包括股权质押融资、私募股权融资（就是大家耳熟能详的 VC、PE）等，我们这里介绍的就是私募股权融资。

提到私募股权融资，其中的重中之重就是投资人。电影《非诚勿扰》中，风险投资人范先生（范伟饰）买下了秦奋（葛优饰）的发明专利，不料遭遇金融危机。面对惨淡前程，秦奋对范先生说出三个字“看未来”。实际上，投资人可没那么好忽悠。为了帮大家更为形象地了解这一群体，下面我给形形色色的投资人进行一下素描。

我身边很多投资人朋友都比较低调、内敛、务实。事实上，由于身处金融圈，还有很多投资人为了显示自己的实力或与众不同，会有意给自己贴上不同的标签，有时也让人感觉很有意思。

比如，有些投资人喜欢在朋友圈炫耀自己的傲人或不那么傲人的身材，至少也要发一下自己的运动打卡记录［最好是 Garmin（佳明手表）记录的，以显得专业］或在健身房摆拍一下。

有的投资人喜欢炫耀自己的资金实力，比如我遇到过的一个投资人就比较爱晒他的豪车（以下称“豪车投资人”）。在他的朋友圈里，我要么看到他开着奔驰大 G 在沙漠上纵情驰骋，要么看到他喜提玛莎拉蒂坐在车前盖上比剪刀手，让人感觉他相当有实力。我见他第一面时是在我们为子公司举办的融资路演会议上。当时，为了显示我们子公司很牛，引致各路投资人纷至沓来的盛况，我们应某圈内知名投资人的建议，在某大酒店搞了一场路演。因为我不仅是法务负责人还是董秘，所以领导安排我接待一些重要的投资人，其中就有“豪车投资人”。我接待他的时候，他可能以为我是普通的接待人员，还有点故作高冷，竟把豪车钥匙直接递给我，让我帮忙泊车。后来我们加了微信，人称“小福尔摩斯”的我经常浏览他的朋友圈，通过他发的早晨上班的照片锁定了他住所的具体位置，发现他住的位置比较偏，又从他发了却很快删除的阳台照片发现他的住宿条件比较一般，根本不是什么大豪宅，不禁怀疑那些豪车到底是不是他的。

还有的投资人对学历较为偏执。我认识的一位女投资人不仅经常发“人在美国，刚下飞机”之类的朋友圈，还尤其喜欢发身在国内著名高校的朋友圈。有一回，我在朋友圈看到她发了红墙上爬满绿藤的照片说“又回到了久别的母校”，我一看这不也是我的母校嘛，顿感亲切，就在微信评论中问了一下是不是校友，然而傲娇的她并未回复。又过了一段时间，她又发了个朋友圈“久违的未名湖，久违的母校”，并附上了“一塔湖图”的照片，我哑然失笑，心说没准再过一段时间，她还会发在清华园“荷塘月色”的照片呢。

其实，喜欢“装”意义并不大。据说某商界大佬旗下有一个著名的PE公司，其投资人在见目标公司领导时盛气凌人，遂被投诉至该大佬处。大佬苦口婆心地对这些投资人说，你们要意识到，人家能坐在你面前，就已经比你成功了。

作为公司的法务，如果我们遇到上面所描述的投资人刚开始可能会有不适感。但是不管投资人显示自己多么有钱、有地位，抑或炫耀自己多有学识，我们都不要去戳破。看破不说破，这是作为一个职场人士必要的职业道德。我们该赞赏的也发自内心地赞赏，如果你发自内心地不想赞赏，也别违心。不管投资人怎么样去装他的范儿，最重要的一点，他得是一个靠谱的投资人，得真的能拿出真金白银来投资我们的企业，甚至在投资的同时利用自己的智识、人脉和资源给企业提供各种助力帮企业成长，这才是我们企业方最关心的。

有的投资人就很不讲究。一通尽调，问这问那，见这个高管约那个高管，把企业搞得鸡飞狗跳、鸡犬不宁，到最后却表示没有钱不投了或干脆销声匿迹。我就遇到过几次这样的情况，比如上面所说的“炫耀学历姐”，有时候大半夜还在问我各种尽调问题，我甚至曾经一度怀疑她是不是竞争对手派过来卧底的（有些投资机构没那么专业，不排除打探信息的情况，其实这也会伤害他们自己的口碑）。最后，等到需要签订投资协议时，她却无论如何不回复我了。对此，我总结了一句：“不以投资为目的的尽调都是耍流氓！”

那么，如何识别不靠谱的投资人呢？如果是自己判断的话，可以打听一下这家投资机构以前投的项目情况（portfolio），看看风格和口碑。但是，这样所用时间和试错成本还比较高，可以适时引入靠谱的融资顾问（financial advisor，简称“FA”）。FA可以帮公司约到靠谱的投资人，更厉害的FA甚至可以承担公司的战略部门或并购部门的角色（注意，只是介绍投资人与融资企业认识的FA最没有价值，应该避免）。业内较为靠谱的FA，如华兴资本、泰合、指数、小饭桌、义柏资本等，是值得信赖的。FA不是圣诞老人，帮忙融资当然要拿走一部分佣金，一般佣金为融资到款金额的3%~4%。当然，也可以通过一些圈内大佬联系到靠谱的投资人，成功率更高，当然融资成本也更高，不过这类大佬并不是一般融资的企业所能接触到的。

在企业融资工作中，法务的工作内容主要有以下几个方面：

第一，准备商业计划书（business plan，简称“BP”）。商业计划书一般分为以下几个部分：

- 产品或服务的定位，就是让投资人知道你是做什么的，公司主要的产品或服务解决了客户的哪些痛点。主要的客户群，公司的产品或服务是to B（B代表business，表示客户是企业）的还是to C（C代表consumer，表示客户是个人）的？公司的产品或服务具体在什么领域？在产业链中的位置是怎么样的？

- 对用户清晰的画像、获客成本、商业及盈利模式（产品和服务怎么赚钱，怎么去收费，成本在哪里）。

- 市场规模、竞争格局、竞争对手。现有市场的竞争格局是什么样的？与竞争对手相比，你所在的这家企业的优劣势何在？

- 核心团队成员。团队的核心优势在哪里？尤其是创始人和核心创始人的团队相比于其他竞争对手团队的优劣势。

- 财务情况及预测。公司当前的财务运营情况及对未来几年（一般是3~5年）的预测的情况。

- 融资的规划。公司现在股权的结构是什么样的？打算融资多少？出让多少股权？这个一定要说清楚。还有融资的用途，是购买更多的厂房机器，还是要在渠道上去布局？等等。

关于如何准备商业计划书，网上有很多课程，大家可以按需自行学习一下。

第二，准备尽调材料。投资人一般会发来尽调清单，要求企业按照清单准备相关材料。这时，我们会要求投资人先签署保密协议（作为融资企业，我们也担心某些投资人是假借投资之名行套取商业秘密之实）。收到投资人签署的保密协议后，我们开始准备尽调材料。尽调材料一般分为以下几个部分：

- 基本的证照和股权关系，比如营业执照、企业的一些重要资质［如对互联网公司来说 ICP（电信与信息服务业务经营许可证）、网络文化经营许可证等资质就较为重要］、公司章程、股权结构图、股东及高管信息等等。
- 公司资产的情况。如固定资产、无形资产等。以无形资产为例，一般包含商标、专利、著作权等，你需要把这些证书的扫描件提供给投资人。上述证件提供给投资人的时候，法务一定要打上水印，说明仅用于某某机构投资尽调使用。公司的资产情况一般情况下会涉及财务、行政和法务几个部门，相关证照可能分散在上述部门，一般情况下由法务或负责投融资的同事去统一收集齐全。
- 公司财务、税务、人事的情况。财务部门会准备财务报表。人事方面，投资人一般会要员工的花名册，并抽取、索要一些员工的劳动合同扫描件，以便了解劳动合同签署的相关情况。
- 业务运营情况。如公司的商业模式、组织架构、团队如何组建、渠道入户落地情况等，这部分其实可以借鉴商业计划书的相关内容。
- 市场情况、公司竞争对手的情况等。这部分可以适当借鉴一下商业计划书，当然具体内容肯定要比商业计划书详细得多。法务一定要就此与公司的领导、创始人、业务部门的负责人事先沟通好口径，不要产生投资人在现场尽调的时候与公司参与尽调的领导之间说的内容不一致的情况。

第三，接待、陪同投资人访谈。投资人很重要的一项工作就是去企业做现场尽调。

在投资人开展现场尽调之前，我们一般会事先与他们约好会面时间，了解他们大概是来尽调哪些内容、见哪些人、准备哪些材料。尤其是他们此行要见哪些人、大概问哪些问题，我们一定要有一个清单或访谈提纲，把清单或访谈提纲事先交给相关的同事（一般是公司的创始人、核心团队成员及业务部门领导），跟他们商量好口径，交代被访谈人之间统一好口径，并告知对投资人提出的超出访谈提纲范围的问题尽量不要擅自作答，最后由企业的领导统一回答。

如果投资人是外地的，可能需要法务、行政人员或领导秘书做好接待工作（如车接车送、端茶倒水、订餐陪餐等）。当然，对一些重要的投资人，可能公司领导会另有安排。比如，以前我们接待的某些投资人很重要，我们领导一般都会单独安排在米其林两星标准以上的餐馆就餐，这样显得比较重视，给投资人的感觉会比较好。

投资人现场尽调时，一般至少会来 2~3 人，他们会从业务、财务、法律三个方面来进行访谈。企业方面一般是公司领导、负责投融资的领导现场陪同。一般流程是宾主双方先互相介绍一下，然后公司领导将商业计划书具体讲给投资人听，投资人边听边记的同时会准备一些问题。待领导讲完 PPT 之后，投资人会针对这些问题与公司领导进行沟通。这时，作为法务尽量少说话，因为你对企业再了解也不会有领导、创始人更了解，为了避免说错话，建议尽量少发言。

当投资人已经与领导、创始人沟通完之后，根据相应的情况，可能会约见业务、财务、法务、人事的负责人并问一些更具体的问题。因为此前我们都已经跟他们沟通完了，他们的回答肯定也是有口径的。

在进行完访谈之后，我们一般会带领投资人去公司的办公场所实地看看，以便投资人对我们是如何工作的有一个直观的感受。此前一定要跟行政以及相关同事交代清楚，保持办公场所的整洁，给投资人一个比较好的第一印象，不要给人留下公司管理不到位、纪律涣散的印象。如果平时公司里人员出差的比较多，办公区域空出很多座位，一定要跟投资人解释清楚相关人员是在出差，不是没来上班。

第四，后续尽调问题回复。现场尽调结束，投资人回去之后会对现场尽调收集的材料进行分析和整理，后续其实他们还会有很多的疑问，但一般情况下他们基本上就不会再来公司了。他们会通过邮件、微信等方式继续询问一些相关问题，如果你是企业方面的对接人，建议不管是你能回答得了的还是回答不了的问题，在你准备好或找相关的同事准备好之后，一定要跟公司领导再核对一下，务必统一好口径。

第五，准备相关文件。如果投资人有意向投资，后续要涉及一些文件，如条款清单（term sheet）或投资意向书、投资协议、股东协议、一致行动协议、增资协议或股权转让协议①、公司章程②等。除此之外，经历过多轮融资的法务“老司机”肯定知道，为了方便计算及记录每轮融资金额、股东及持股比例变动情况，一般会有一个股权结构表（cap table），所以法务还要把这个表格做好。

另外，就投资协议中的重要条款，我再举一个亲身经历的例子，以便让大家更形象地理解法务在准备融资文件中所能起到的重要作用。以前，我所在某公司的子公司在 A 轮融资时，我曾陪同领导会见了某重要投资人。该投资人曾在华尔街的投行工作多年，长得酷似我比较喜欢的日本男影星真田广之，以至于他刚一进会议室，我的领导和我几乎异口同声地脱口而出“好帅”。我还瞄到他戴着一只理查德·米勒（Richard Mille）的精美腕表，于是夸奖了一番，投资人感觉很受用。尽管跟他聊得不错，他也

---

① 为什么说是增资协议或股权转让协议呢？因为企业股权融资的方式一般有两种，一种叫作增资扩股，适用增资协议；还有一种叫作股权转让，也叫老股转让（就是老股东转让一部分股权给新股东），适用股权转让协议。

② 在签署投资协议等文件之后，一般需要将投资协议等文件中关于股东权利义务的条款体现到公司章程中，并将新的公司章程在市场监管部门进行备案。

当场表示愿意跟投（主投的是国内某互联网大佬的私募基金），我还是跟领导商量在投资协议中加上了一个定金条款。该条款约定投资人须先支付定金四百万元，后续如果不投则无权要求返还定金。没想到在投资协议签署完毕，投资人支付定金之后真的不想参与投资了，还派人带律师来我们公司谈判，意图要回定金。对方律师态度强硬，我也不甘示弱，当场就发生了激烈争吵。后来，该投资人一分钱定金也没要回去。

第六，工商变更。在投资人按照相关协议要求支付投资款项之后，作为融资企业需要按照协议约定到公司注册地所属的市场监管部门去做工商变更。虽然工商变更也可以找代理去做，但是因为融资文件相关的条款比较专业，一般代理看不太懂，也跟市场监管的老师解释不清楚，而解释不清楚的时候就很麻烦，很可能工商变更就办不了了。所以一般情况下，为了稳妥起见，我都是带着代理一起过去。大家知道一般市场监管的老师其实更倾向于用他们自己提供的章程及文件模板，但是他们提供的模板都很简单。对投资人来讲，他们一般都不会同意，会坚持将协议约定的一些优先权的条款体现在公司章程里，以起到公示公信的作用。这时就需要我们去做市场监管局的老师的工作，解释他们的疑惑，打消他们的顾虑。

第七，配合投资人的投后管理工作。我们知道，投资人的工作一般包括四个环节：募、投、管、退。“募”就是募集资金以便进行投资，“投”就是对目标企业进行筛选和投资，“管”就是管理投资过的项目，“退”就是最后投资资金的退出。

我所接触的投资人一般将工作重心都放在“投”上，对所谓的“管”似乎投放的精力并不多。一般是在公司中取得董事席位的投资人在公司有重要会议需要董事参加或列席的时候来参加会议。我们有位投资人，他在投资我们公司后担任公司董事，在公司开董事会时我都会按规定提前通知他。他第一次参加董事会会议时，刚一进会议室，就指着会议室里的椅子霸气地说道，这些椅子里每五把就有我一把。我们在场的高管都赔着笑脸连连称是（此后没多久，他在机场被债权人围住暴打，在网上闹得沸沸扬扬）。投资人一般也会索要公司定期的财务报表，如季报、半年报、年报等。此外，有时投资人也会索要公司定期的工作总结或规划。

除去专门从事投资活动的公司（如私募基金公司、投资公司等），并不是每个发展阶段的企业都涉及投资的问题，只有当企业发展到一定的规模，它才有投资的资金和意愿。即便是企业开展投资活动，所做的投资一般都是相关多元化的投资，即沿着自己本身的产业链向上游或下游做相关投资，以此来增强自身在市场上的竞争力并产生规模效应。例如，“把半条命交给合作伙伴”的腾讯，其投资并购的部门就非常强大，投资并购的规模也非常惊人。

2）投资

投资和融资是一个硬币的两面，法务在投资活动中的主要工作其实可以参照上面融资部分的工作。对参与投资工作的法务来说，其实倒是很有必要了解一下如何判断一个标的公司是否值得投资，以下是我请教投资人朋友王志龙先生的结果，供大家参考。

首先，赛道要好。具体来说，衡量一个好赛道的标准包括以下几点：

第一，市场规模大。市场规模决定了未来收入的天花板，投资要首选具有极高普及潜力的行业，典型的如科技行业的手机（苹果）、新能源电池（宁德时代）、芯片（英伟达），再如消费类的乳制品（伊利）、地产（万科）、餐饮（海底捞）、电商（美团、拼多多、阿里）等，都属于千亿规模的赛道。龙头公司一定是千亿市值，甚至万亿市值。当然也不是市场越大越好。大赛道，往往竞争激烈，小公司生存不易。从小赛道进入，先成为小而美的公司，然后沿着客户或技术平台，不断拓展第二曲线，也是一种思路。

第二，周期拐点来临。最好的时点是跨越导入期，进入渗透率快速提升的增长期，市场规模快速扩大，同时产品成本下降，盈利能力提升。投资的时点过早或过晚都不好。太早了，等待周期太长，需求无法验证，且竞争格局不明朗；太晚了，龙头已显，估值太贵，赔率不够。举例来说，特斯拉获得上海临港的支持，解决产能瓶颈之时，就是新能源汽车赛道的最佳下注时点。

第三，产品技术的高稀缺性/壁垒，如产品服务的附加值高，具备稀缺性，是全球原创。模式创新类（电商，O2O，包括部分SAAS类）的护城河普遍不高，比拼的是速度和融资。而原创硬科技，如新材料、原研药，则考验研发和工程能力，往往具备较高的壁垒。壁垒高，意味着别人攻不进来，容易存活，也容易获得更高的估值。产品高稀缺性，体现为高毛利。

第四，商业模式好，有规模效应或网络效应。好的商业模式，本质是对需求和产业更深的洞察，更加高效地匹配资源——高毛利、低成本的规模扩张，即高ROE，且高增速。高端白酒是好生意，因为有社交属性，黏性强，销售费用低，不用担心存货。社交软件是好生意，因为有网络效应，沉淀社交网络，转换成本高。制造业，如建材、家电、工程机械、PCB，都是普通的生意，因为扩张都需要重资产。传统汽车不是好生意，因为车型太多，供应链太复杂，重资产，导致低毛利。

第五，产业格局好。上下游最好都比较分散，没有太强势的供应商/客户。新兴汽车配件，包括芯片、线控底盘、激光雷达，周期普遍较长，且下游汽车客户过于强势。全球种业也高度垄断，下游种植大户只能仰人鼻息。当然，下游客户如果普遍都是小散乱弱也不行，最好是正态分布，大客户赚名声、培育供应链，中小客户才能赚利润。产业格局与产品稀缺性也有关，稀缺本身意味着更高的博弈地位。

其次，公司要好，属于赛道头部。只投赛道前三名，第四名不投。具体来说，有以下几点：

第一，股权结构合理，有清晰的实控人，不能均分股权，出现道德风险。股权结构是公司发展的地基，地基不牢，楼再高也没有用。

第二，历史业绩好。这里业绩不仅指财务业绩，还包括研发、中试、量产、客户导入、渠道扩张，每一步都要踩对，关键里程碑都按时完成甚至领先竞争对手。

第三，在技术、产能、渠道、品牌等方面形成护城河，与竞争对手拉开差距。如果是早期公司，这一点不容易判断，所以要看团队。

最后，团队要好。团队禀赋具体体现在以下几点：

第一，创始人产业有积累，有人脉，有地位，懂市场，懂产品，管过大公司，内部有威望，心智成熟，见过世面。科技赛道的投资机构喜欢大佬，消费赛道的投资机构往往喜欢“鲜肉”。

第二，团队有梯队。既有行业老人帮扶，也有中青代快速成长。核心成员有历史、血缘纽带，如前同事、校友、同实验室、亲友等等。

第三，士气旺，有狼性。旺盛的士气，往往来自一次又一次的胜仗和创始人的远景描绘能力。此外，普通员工也要有归属感。

不同的赛道，对团队考察的侧重点不同。消费赛道，侧重团队在需求洞察和品牌管理方面的积累；科技赛道，侧重团队的研发能力、工程化能力以及商业化能力；资源型赛道，侧重团队的资源禀赋——牌照、融资、政府关系。

投融资领域的书籍很多，推荐以下三本（表 3-5）：

表 3-5　投融资领域推荐书目

序号	书　　名	编著者	出版社及版本信息
1	《创业之初你不可不知的融资知识》	桂曙光著	机械工业出版社 2010 年版
2	《风险投资合同起草审查指南》	李甘编著	法律出版社 2020 年版
3	《中国合同库：A 轮融资协议》	许莹、赵梦晗、张宁编著	法律出版社 2018 年版

9. 知识产权、域名管理

法务的另一项重要工作就是知识产权和域名的管理。这项工作主要是管理业务所涉及的商标、专利、著作权及域名的相关事务，如申请、购买、维护等。在很多大公司，由于知识产权的重要性，这部分管理职能会从法务部独立出来，成为知识产权部。即使没有全部独立，涉及专利的部门因为其独特性及重要性也会独立出来。域名有时归法务管理，但也有很多公司不归法务管，实际上可能是由 IT 部门、行政部门，或者是运营管理部门管理。

知识产权于公司的重要性毋庸多言。比如，商标对任何一个想要做大做强的公司都有着十分重大的意义。多年以来，商标业务一直较为火热。专利就更不用说了，尤其是发明专利，是一个公司技术壁垒的体现。2020 年，华为凭借 5464 件已经公布的 PCT（专利合作条约）的申请量，夺得了全球冠军，这已经是华为连续第四次获得此殊荣，显示出其强大的研发创新实力。另外，对一些拟上市公司来说，如果有较多的发明专利（实用新型和外观设计不算），会获得券商、证券监管机关更多的青睐。著作权对有些公司异常重要，如果是软件类公司，那么软件著作权的申请与维护十分重要；如果是内容类公司（如影视公司、爱优腾等视频网站），对它们来说，作品的著作权既是核心资产，也是核心命脉。

接下来，我们简要谈一谈知识产权及域名如何管理。我们把管理工作分成两个部分。第一，要有专人去管理。我们经常会发现很多规模较小的或管理比较松散的公司因为并没有专人去管理知识产权及域名，经常导致知识产权或域名到期而没有续展。对有些技术含量较高的公司，专利到期没去续展实在是一件令人头痛且惋惜的事。第二，管理需要有工具。一般规模较大的公司对专利、商标、著作权等都是由自己的内部系统进行管理的，知识产权的申请、使用、维护都在线上管理，到期前还会有提醒。对小公司来说，确实没有资金、实力和必要去做这样的系统，但也完全可以确定专人负责，用表格进行管理并定期更新及复查。

最后，是一些我此前所接触到的在知识产权、域名管理中常发生的实务场景，供各位参考：

- 知识产权管理不善，未及时续展导致过期。这一点在商标、专利中时常发生，比如商标未及时依法续展导致被注销，未及时缴纳专利年费导致专利被终止（如某国内拟上市公司在上市前夕因此种原因而导致暂缓上市，六年后才再次冲刺 IPO 成功）。

● 域名到期未及时续费导致被别人抢注甚至从事违法犯罪行为。域名到期如果要继续使用的话一定要及时续费，防止被别人抢注。有 ICP 备案的域名到期后如果不再继续使用最好注销，防止产生被别人恶意使用的风险。目前在世界范围内域名被盗用的情况比比皆是，我在做信息网络传播权维权的时候就经常遇到。我们在检索侵权盗版网站的时候，常发现网站的 ICP 备案主体并非侵权方，原来该网站早已不使用这个域名了，但未及时注销，也未继续缴费，导致被别人恶意盗用来做一些违法犯罪的事，比如传播黄赌毒、侵权盗版作品等，这无疑也给该网站带来了麻烦，所以这方面的工作不能疏忽。

● 业务运营中重要品牌未及时申请商标。我在实践中遇到的情况是公司已经为新产品命名并投入很多精力、资源进行宣推，结果却发现新产品的名字早已有人申请注册了商标。其实，早在新产品命名的时候，法务就应该介入，在命名的同时查看商标、域名的情况，如果已有在先商标、域名，要么换名称，要么考虑能否购买。现在想要注册一个自己费尽心思想到的商标或域名太难了，你稍微去检索一下，就会发现很多你想到的商标或域名基本上都已经被注册了。在购买商标或域名时，我建议最好找一个信得过的员工，跟他签协议，由他出面以个人的名义去购买。因为如果对方知道你是知名公司，哪怕只是中等规模以上的公司，他就可能狮子大开口了。如果通过个人购买，能节省一部分费用。

● 领导对商标注册的不合理的要求。具体如下：

其一，领导要求进行全品类商标注册。某大佬很有钱、很任性，他让代理机构把自己的名字进行了全品类商标注册，当然也花了不少钱。个人觉得没有必要，因为从一个企业的角度来讲，不可能从事所有行业，故此没有必要进行全品类商标注册。当然，土豪随意。对一般公司而言，肯定是先从主营业务开始去注册相关类别的商标，如果要为将来拓展业务预先申请商标，那就需要详尽考虑可能从事的业务范围后再去选定商标品类。至于那种八竿子都打不着的商标品类，其实就没有注册的必要了。

其二，领导要申请的商标可能涉及侵权的情况。我认识的某国内知名民营企业家，他自认为有些艺术细胞，非常喜欢国外艺术家的画作，尤其是国外某已故著名艺术家的画作。有一次，他一拍脑袋想把该艺术家的一幅画注册成商标，我们申请时还很担心审查员会不会提出质疑。当然，这幅画不太知名，估计商标审查员也没见过。

其三，领导要申请的商标因不符合规定而不能注册。我在某公司工作的时候，领导想给新的手机产品注册一个商标，他先拍板决定叫“孔子”，我一看这基本属于禁止注册的商标，就劝领导再起个别的商标名称。领导一拍脑门说那就注册“老子”吧，我说这跟“孔子”一样注册不了商标……

10. 资质证照、印章管理

我们再谈一下资质证照、印章管理。其主要工作内容就是负责公司的资质证照的申请、变更、保管与续展，并进行印章管理。

资质证照一般包括营业执照、高新技术证书、ICP 证书、网络文化经营许可证、互联网出版许可证等。负责资质证照管理的部门在各个公司可能有所差异，比如营业执照，有的公司是在财务部门保管，有的是在行政部门保管，也有的是在法务部门保管。

印章在各个公司负责管理的部门也不太一样。一般情况下，法务管理公司的公章及法定代表人印章，财务章归财务部管理，有的公司人事部门也有人事的章。有极端情况，有的公司人事部门领导为了裁员方便就私刻人事部门印章，因为解除劳动合同相关协议或文件一般要加盖公司公章，而公章一般是在法务部门管理，为了流程方便，于是人事部门自己给文件盖章，这其实也埋下了隐患。

以下是法务在实际工作场景中需要注意的问题，供大家参考：

第一，公司要有资质证照、印章的管理制度，以便界定管理部门，明确权利、义务、责任与处罚。像我上面提到的人事部门私刻印章的事情，如果印章管理制度中对印章刻制有明确的规定，比如由谁审批、哪些部门不得刻制印章、私刻印章如何处罚等，就不会产生上面的情况了。

第二，对业务开展所必需的资质证照要及时申请，不要无照裸奔。例如，作为一家电商公司，如果要在网上售卖药品、医疗器械，那肯定需要《互联网药品信息服务资格证书》《互联网药品交易服务资格证书》和医疗器械网络交易服务第三方平台备案凭证。如果不知道该申请哪些资质证照，可以参考竞争对手，也可以咨询靠谱的中介机构。作为法务，如果刚到一家公司，一定要盘点一下现有资质证照是否缺乏。另外，业务团队拟开展的业务是否需要申请新的资质证照。如果需要，要早布局、早申请，毕竟从申请到拿证还需要时间。

第三，做好续期管理，在资质证照到期之前一定要及时去做续展的工作。我刚到某公司工作的时候，发现网络文化经营许可证过期了，原因是当初管理证书的人突然离职且没有交接清楚，接手的人根本就不知道还有这个证书的存在，直到后来需要用的时候才发现证书已经到期了，这导致公司费了很大的劲儿才搞定这件事情。

第四，资质证照、印章借出归还管理工作要做好。我曾亲身经历过这样的事：有一次，公司财务经理去法务部门把营业执照借出来说有急用，拿到财务部看一下就送回来，就不办理借出手续了。因为管理资质证照的法务同事平时跟财务部往来较多，也会劳烦他，所以碍于情面就没按惯例办理借出手续（如让财务经理在借出表上写明借出原因并签字）。结果过了好几天他也没归还。当法务找他问的时候，他竟然说从来没借过。当时又没有监控和人证，导致死无对证，后来法务只能挂失后去做公示，再去补办。因此，法务在负责资质证照借出管理的时候，一定要严格登记。

11. 业务咨询

业务咨询，其实就是处理业务同事的咨询。业务同事在合同起草、审核以及合规的工作中，会有很多的问题。他们有时找过来面聊，有时在电话或微信、钉钉等即时沟通工具上说。这里要注意的是，与业务同事沟通的时候尽量留痕，比如我一般喜欢在微信、企业微信或钉钉上书面或语音沟通，这样后续如果发生纠纷，方便倒查具体情况。

业务同事也会问一些与工作无关的问题。比如，有的业务同事会问我一些离婚、房产纠纷的问题，甚至与妻子发生感情问题还来找我做心理咨询。有一位同事在日本东京买房子，甚至还把购房协议（中文版）发给我让我帮忙审核。像这种纯帮忙性质的事情，在不耽误法务工作的前提下，能帮一些就帮一些，其实这也是跟业务部门同事建立良好关系的手段。

12. 劳动争议

我们再谈一下劳动争议的问题。法务在劳动争议中主要的工作内容是确保公司用工合规，协助 HR 部门处理本单位与员工的劳动纠纷，提供法律意见及建议，跟进并处理本单位的劳动争议仲裁和诉讼案件。

无论大公司还是小公司，劳动争议都是避免不了的。劳动争议看似简单，实则特别琐碎。如果你所在公司的业务主体又是跨省的，各个省级行政区域有关劳动争议的规定可能是不一样的，因为当地政府对劳资双方的态度可能是不一样的，比如广东当地就比较倾向于支持劳动者。这给我们无论是学习还是实操都带来一些困难，如果公司在外地涉及劳动争议仲裁或诉讼，建议在当地寻找实操经验丰富的律师，比如在上海的话，江三角律师事务所就比较专业。如果你想在劳动争议解决领域多积累相关的知识，建议参加李迎春律师的线下讲座（我曾经学习过两次，一次在成都，一次在北京，感觉受益匪浅）。他是深圳律师协会劳动和社会保障法律业务委员会主任，也是劳动仲裁员，实战经验非常丰富。此外，也可以加“劳动法库”的公众号进行学习。

以下是我总结的一般公司容易产生劳动争议的场景及解决建议，供大家参考：

其一，员工入职不规范，劳动合同未及时签署。一般员工入职后一周内，用人单位的 HR 会要求与员工签署书面劳动合同。但也有例外情况，有的用人单位在员工入职后或续签劳动合同后，因种种原因未及时与员工签订书面劳动合同，这种情况过了一个月后，员工有权利要求支付双倍工资。尤其要注意劳动合同到期后是否及时续签劳动合同的事。

其二，违法解除劳动合同。这种情况多发生在一些不正规的企业里，这种企业老板或高管一般比较霸道。我曾碰到过这样的情况：一位员工在午休时间玩游戏被公司创始人看到，创始人大吼着让他赶紧收拾东西滚蛋，并让 HR 部门马上给他办理离职。当时 HR 部门的领导找到我，十分无奈地说，这已经不是创始人第一次直接开掉员工了，更何况人家还是在午休时间玩游戏。这家公司的业务女高管更豪横，对看不惯的下属也是一言不合就赶人家走。还有的是把怀孕的女员工裁掉，我在某公司工作时，有一位女经理自己流产之后最见不得手下女员工怀孕，她曾没有什么理由就要开掉一位怀孕的女员工。坦率地讲，法务在上述情况下所能起到的作用有限。这些领导并不是法盲，这是他们的工作作风，虽然这种工作作风既缺德又违法。在这种情况下，法务会配合 HR 做员工工作，避免员工在离职后扭头就去申请劳动仲裁。大多数员工不会特别计较，不过如果有的员工非要劳动仲裁，那到时也只能陪他走一遭了。

其三，未按国家规定缴纳社保、公积金，员工离职后找后账。有的企业老板为了节省用工成本，经常会在社保、公积金缴费基数上做一些文章，一般就按照最低缴费基数去缴。其实这种情况，很多员工都心知肚明，只不过身在公司不好去主张罢了。但当员工离职的时候，尤其是他被公司裁员的时候，内心还是有些怨恨的。所以，在社保方面，员工要么去人社局的劳动监察部门举报，要么去社保征收部门投诉；在公积金方面，员工会去住房公积金管理中心投诉。作为用人单位，一般情况下在接到相关部门的通知后予以补缴就可以了。

其四，拖欠年终奖。很多金融类公司一般发年终奖都比较晚，基本上会拖个一年半载，这也算是行业惯例了。但是有的投资类公司常常是在入职时承诺有丰厚的年终奖，而等到要发放时以种种理由拒绝或拖延支付，比如声称员工绩效考核不达标，而当我们去看公司的绩效考核标准时就会发现规定得十分模糊，很多员工离职后为了拿回本属于自己的年终奖都会去申请劳动仲裁，这时公司老板的意思一般都是要求法务奉陪到底，哪怕一直打到二审，也不会轻易让员工拿到（其理由是如果这个员工轻易拿到了，后续很多离职的员工都会这样做）。在这种情况下，如果HR无法按照法务的建议明晰绩效考核的流程和结果（一些老板不希望太明晰），那么就只能按照老板的意图与离职员工对簿公堂了。

其五，员工离职后未履行竞业限制协议。有的核心员工离职后去了竞争对手那里，为了维护公司利益，有的公司由专门的法务团队或人员负责监督已离职员工的竞业限制协议履行情况。不得不佩服，为此他们真是煞费苦心，比如得知已离职员工去竞争对手那里工作了，于是以送快递或是情人节送花的方式进行取证。

13. 培训

法务的培训工作一般包含两个方面：一方面是对普通员工的培训；另一方面是对公司高管的培训。法务组织相关培训时，要尊重领导和其他同事的时间和需求，否则会适得其反，而这需要法务人员适逢其会地引导、安排相关培训。

对员工的培训一般包括行业政策法规、合同合规制度、公司规章制度（如反腐的制度）的培训。有时候，因为公司产生的某些问题（如劳动争议的问题），法务也可以组织专门的培训。对员工尤其是业务部门员工的培训能够减少法务的工作量，并且避免一些法律风险。比如，针对合同签订、履行、应收账款催收、证据保留等常见的问题和风险，法务可以组织相关培训，这样就不用总是重复回复业务同事相同的问题，并能减少类似问题产生的法律风险。

对高管的培训一般都与公司治理相关。例如，对公司高管做公司上市相关知识的培训，因为一般高管都是做业务出身，对资本市场并不熟悉，甚至可能犯一些低级错误，如某些上市公司高管竟然超额减持。此外，企业高管的刑事犯罪风险培训也极其有必要，法务可以通过培训帮助他们建立底线思维和风险意识。

14. 外部合作机构管理

法务还有一项很重要的工作，那就是外部合作机构的管理，其主要工作内容包括外部机构（如律师事务所）的选聘、合作及淘汰。作为法务，一般能接触到的外部机构包括律师、券商、会计师、咨询公司、侵权监测机构等等。那么该如何管理这些外部合作机构呢？

1）选聘

在选聘方面，一些国有背景的公司都要按规定走招投标流程。而对一些民企来说，即使没有招投标的流程，也会找两三家机构进行对比（货比三家），最终选择一个专业水平和性价比较高的中介机构。关于如何选外部合作机构，还是有一些门道的。我们选择外部合作机构有两条最重要的标准。

第一，能力要强，能够有效地完成我们交给它的任务。那么，我们怎么去发现机构的能力强不强呢？最核心的标准是有没有做过（看既往案例）、做得熟不熟（看案例数量）、做得好不好（看案例结果）。例如，我打算选一位律师代理我们公司的一个关于股权纠纷案件，我们当然可以通过同行或朋友推荐，但他们推荐的人往往并不合适（可能没有这方面的经验或经验较少）。这时，其实我们也可以去裁判文书网上自己找，比如该案的管辖法院是北京市朝阳区人民法院，那我们就可以在裁判文书网上搜索那些曾经多次在北京市朝阳区人民法院代理股权纠纷案件且胜诉案例较多的律师，从中筛选比较合适的律师，最后再根据其所在的律所官方主页的联系方式联系到律师本人。

这是筛选律师的例子，再举一个筛选券商的例子。假设我们在一个影视类的拟上市公司工作，现在公司正在物色券商及其他合作机构。我们可以先看同行业的上市公司用的是哪些券商，再从中选择比较合适的。要知道，如果券商做过同行业公司的上市工作，会极大地减少沟通成本，更有效地推进上市工作。选定券商后，再由它们推荐其经常合作的其他中介机构（律师、会计师、资产评估师等）并由我们来选择，这样就非常有效率，而且会避免将来机构之间因为合作中的冲突产生的内耗（律师和券商保代上演全武行的例子前文我提过）。

另外，作为法务，我们对外打交道最多的就是律师，针对律师我们要有个律师库。如果我们是个小规模公司没有能力建一个律师库系统，至少要有一个 Excel 表，把律所的名称、律师姓名、擅长领域、经典案例、综合评价等关键信息列好，以便日后寻找律师时更加快捷。有时候你去见的律师太多了，自己都不知道该跟谁合作比较好，有这个 Excel 表就比较有抓手。而且，如果领导问你哪个律师怎么样，你可以直接给领导看这个 Excel 表，领导会觉得你确实做得很用心、很专业。

第二，在能力强的前提下，费用尽量低一点。当然，费用也不是越低越好，因为如果我们给的费用太少，极有可能对方在工作中就没有那么用心甚至是比较敷衍。

中介机构当初为了拿你这个单的时候，可能满口答应下来了，待到实际合作时你才知道一分钱一分货的道理。例如，在北京，对于一般公司（不是大型公司或法律事务繁多的公司）来说，常年法律顾问的服务费用一年在 8~10 万元，服务时长一般为 30~50 个小时（现在很多律所为了抢生意都不再限定小时数），超过约定小时数是要另收费的，但很多民营企业家为了压缩成本，会拒绝小时数的限制。后来，这些“精明”的企业家很快发现这样一个问题，刚开始合作时律师还很积极活跃，后来再有事找他，让他来公司他也不来了，回复也没那么快了。因为虽然不再限定小时数，其实律师自己心里还是有一个小时数标准的（毕竟，律师靠出卖时间来赚钱，而时间又是有限的）。

2）合作

第一，法务要向合作机构准确交代所要达到的目的、标准、反馈机制与时限要求，不要含糊其词、模棱两可，让对方去猜，这样只会耽误时间。同时，要告知合作机构自己所要的工作成果的标准（如是要出具法律意见书还是其他文件）及时限要求（如让中介在多少天之内提交工作成果等）并定时反馈，包括反馈文件的格式或标准，对他们都要进行相关的指导。

第二，法务要及时跟进合作机构的工作。以诉讼案件为例，法务要及时跟进律师现在进行到哪一个流程了，出现了什么问题或困难，该怎么解决，等等。其实律师本身也有很多的工作要做，如果律师本身项目管理能力比较差，他是很难照顾到每个案件的细节的。因此，这个时候我们就要主动去跟进相关工作的进展，做好督促工作。

3）淘汰

淘汰合作机构与否是需要有客观、公正、可衡量的标准的。像一些比较正规的公司（如某些互联网大厂），是有内部的合作机构管理系统的，其中就有相关的评价模块。我们可以在系统中看到大家对机构的评价及打分是如何的。如果没有专门的系统进行评价，那就需要法务及业务部门联合起来对机构进行评价，看服务是否满足需求。另外，还有黑名单制度，如果合作机构工作效果不尽如人意或有行贿腐败的情况，则一定要将其列入黑名单，排除以后合作的可能。

从另外一个角度来讲，我们与合作机构签订的协议合作期限不要约定得太长，更不要约定自动续展。因为万一机构没有达标或能力不济，中途解除合同就很麻烦。

此外，平时在对供应商进行管理的过程中，要多加留意供应商可能为竞品服务的情况（很多供应商其实都是脚踩两只船或多只船的）。我在某公司负责法务的时候，在与某维权的律师事务所建立合作关系之后，发现该律所主任在我们同行业的竞争对手公司负责法务工作。得知之后，我们果断主动与之终止了合作。

我建议法务朋友平时跟机构多保持沟通和交流，即使与有的机构并没有合作，也可以和对方保持联系，因为你可以通过不同的机构了解已合作机构方人员的人品和能力，有利于做出更符合公司利益的判断。

二、法务的人品

职场人士对一个人的评价标准很简单，就两条：第一是人品；第二是能力。我们接下来谈一谈法务的人品问题。

第一，作为法务，做人要有最起码的底线，否则迟早会出事。比如，一些不能碰的红线不要碰，贪污、收受贿赂、徇私舞弊等事情都不要做，否则轻则失去工作，重则失去自由。另外提醒一点，对法务朋友来说，你的主管领导是否正直、是否有底线是你控制不了的，而且一般在你去一个单位之前也是不知道的，如果你的主管领导不是正直的人（尤其是那种什么事都不敢在微信、邮件中商量，总喜欢单独跑小黑屋沟通，不留痕迹的领导），那么你就要注意别被他带到沟里去，平时防着一点。如果风险实在太大，我劝你趁早离开这家公司。

第二，不要坑别人，不要使坏，也别太势利眼。我在公司做了十二年法务，各种各样的人见得比较多。有的法务同事喜欢吃独食，需要干活的时候他会求你帮忙，但是报功的时候他只考虑自己。还有的法务同事总看不上自己的领导，我不知道他是能力实在非常强还是眼眶格外高（实际上我没觉得他能力有多强）。我的一位法务朋友曾遇到过这样一位女同事：她跟自己原来的女领导面和心不和，背地里说了不少领导的坏话。后来换了一位男领导，她跟男领导相处得也不好，也经常背后说男领导的坏话。再后来，又换了一位女领导，她也是不太服管，还越级汇报。这样的人，我相信所有的领导都不会喜欢的。

还有就是别太势利眼。“势利眼”们我在职场上还真的遇到过不少，其典型表现就是有求于你的时候怎么都行，甜言蜜语、送这送那。一旦发现用不着了，马上脸色就变了，翻脸比翻书都快，真是友谊的小船说翻就翻。上述这些人在职场上是相当不受欢迎的，外部风评也不好。在职场上，还是内心善良的、为人正直的、为他人着想的、做人宽容的人比较受欢迎。

第三，要懂得感恩。对在职场中曾经帮助过你、提拔过你、给你机会的人（这些都是你的贵人），一定要满怀感恩之心，毕竟在职场中别人没有义务帮你，正所谓“帮你是情分，不帮你是本分”。虽然感恩也会随着时间的流逝而色彩逐渐变淡，但即使你将来发展得很好，也一定牢牢记住曾经有谁帮过你，恩情是不能忘的。我的一位法务朋友曾经帮助过一些下属，但后来当他不再是他们领导的时候，他们对他的态度变化就很大，所谓的“人走茶凉”是也。他们这是反面教材，我们不要做那样的人。

第四，一定要做一个勤奋的法务。我以前的一位法务领导，他在自己所服务过的任何一个公司都特别受领导的器重，就是因为他有一个优点——一个人干两个人的活儿（基本上每天从早 9 点工作到晚 9 点）。但实话说，依我这些年在职场上的所见所闻，法务像他这样勤奋的并不是很多。有一次，我去一家国内知名的 IT 公司办事，我惊讶地发现法务部有不少头发斑白的员工，就跟我在该公司工作的朋友问怎么这么大年纪了还在企业做法务。她颇为不屑地说，这些人每天的常规项目就是划水和摸鱼，推卸责任是强项，有什么活都安排给下属做，而自己到下班时溜得比百米运动员都快。大家千万不要这样，因为混到最后就把自己混完了。

此外，法务不要做甩手掌柜，事事都依赖律师。市面上有一些法务负责人，遇事不想着如何解决，第一时间想到的就是找律师。我有一个在金融类公司工作的朋友，他们曾经招聘了一位法务负责人。这位法务负责人在参加业务会议时，每当业务领导问到他的意见的时候，他就会说，我帮你们找个律师吧。我朋友后来跟我说，公司想把这位法务负责人裁掉。是啊，像这种法务无非是律师的掮客，在公司里存在的意义何在?!

第五，做一个主动学习型的法务。有的法务朋友觉得干好自己的本职工作就行了，别的就不愿多管了，但实际上在工作中总会有新的问题需要去研究和处理。如果墨守成规或不思进取，那最终在法务职业生涯的发展结果不会太理想，因为公司在发展的过程中是需要能有效解决新问题的人。如果法务朋友一直处于“躺平”状态，达不到公司更高的要求，长此以往，迟早会离开这家公司的。

第六，做事情一定要有担当。我有一位法务朋友，她非常惧怕开庭（主要是怕败诉）。我劝她说开庭其实是对你的一种锻炼，不要抗拒，越觉得难就越是要挑战自己，多去参与几次就逐渐掌握了，没有什么难的。法务一般是风险厌恶型的，但是如果做法务不敢去承担更多的责任，那么同样得不到更多的成长。

我在某公司做法务的时候，公司因为侵犯了信息网络传播权被权利人起诉，我仔细研究后了解到此类案子我们公司必输，但集团法务跟我说非得去找律师代理，并说集团法务部的惯例是我们公司每个作为被告的案子都要找律师代理。我说这类案子输了才赔三万元，但如果找律师代理还要额外花十万元，横竖都是输，为什么要找律师多花钱?!后来，我说服了集团法务同事由我代表公司出庭，而她支持了我的观点。其实这也是从某种程度上打破了法务内部的潜规则。

最后，我要提醒一下，法务的圈子其实是很小的（我相信其他圈子也是一样）。如果你的人品不行，大家对你其实是有公论的。我所知道的一位圈内法务，他的特点是背地里总要取自己的领导而代之，在任何一个他所经历过的公司都是如此。虽然他经历过很多知名的大平台，但是因为他名声在外，导致他在每个公司干的时间都不是很长，经常被领导打入“冷宫”或开掉。我身边的一些法务朋友谈到他时对他的评价都不高，有时令我感到很意外，因为我认为我的法务朋友怎么可能认识他，但恰巧这个圈子就这么小，别人偏偏就知道了。所以，即使是为了你自己，在人品上一定还是要有底线的，并且还要不断地提升自己的人品，才可能在法务这个圈子里面走得更加长远。

三、法务能力培养

1. 法律知识

下面，我们谈一下法务能力的培养。

1）法律专业知识的积累

首先，基础知识。我们高校法学毕业生经过本科四年的法学教育，基本上都有一定的专业知识基础。有的同学可能又读了硕士甚至是博士，专业功底应该是可以的。但是我们在象牙塔里学的知识往往是泛泛的，离具体的实务操作还有一定的距离。我这里提到的基础知识是接近实务的基础知识，所以我建议大家要学习最高人民法院主编的一些实务著作。比如，我国颁布了《民法典》，我们最好去学习一下最高人民法院民法典贯彻实施工作领导小组主编的《民法典理解与适用》丛书。其他的如最高人民法院的《商事审判指导》丛书（包括《合同案件审判指导》《公司案件审判指导》等）和《最高人民法院新民事案件案由规定理解与适用》等。在涉及更为具体的领域时，也可以购买具体领域的法官撰写的实务著作，比如我当初为了研究著作权诉讼事务，就买了《著作权纠纷诉讼指引与实务问答》（宋鱼水主编，法律出版社 2014 年版）。对诉讼的律师来说，以上很多著作都是他们必看必查的。我们法务在专业性上不能差太多，所以这些东西一定要学。

其次，一些律师的实务著作也值得一看，比如《实习律师指南》（薛晓蔚著，法律出版社 2020 年第 3 版）、《初级律师必修课：如何做好法律尽职调查》（谢莲坤著，北京大学出版社 2012 年版）、《思维的笔迹（下）：实战案例训练》（高云著，法律出版社 2013 年第 2 版）。

最后，权威学者的著作。例如，侵权法领域中国人民大学杨立新教授、数据隐私保护领域中国人民大学张新宝教授、知识产权领域（尤其是著作权领域）华东政法大学王迁教授的相关著作均值得拜读。

2）案例资源的积累

自从有了中国裁判文书网，相关的案例就很容易获得了。除了中国裁判文书网，免费的案例查询网站还有 Open Law、无讼等，付费的有北大法宝、威科先行、律商联讯等。律商联讯对一些外企来说比较重要。我刚毕业在某四大会计师事务所做税务时经常用律商联讯，因为我们的客户很多是外企，律商联讯把很多政策法规翻译成英文，省去了我们翻译的工作。现在很多律所都购买了北大法宝或威科先行，大型公司的法务部有时也会购买北大法宝。

如果你所在的单位并不想花钱购买，那把中国裁判文书网利用好就可以了。有的法务朋友想在诉讼领域深入学习一下，但是苦于没有那么多出庭机会，也不能经常跑去法院旁听，这时候其实中国庭审公开网就是一个非常好的学习渠道和平台，你能在里面看到很多庭审的直播视频。如果你正好有某个案件将要在某个法院开庭，你可以去该网站搜索主审法官审理类似案件的视频，这对你了解法官的风格与审判思路非常有帮助。

3）网课及公众号资源的积累

例如，现在比较火的“智合”App，很多律师、法务朋友（包括我自己）都在上面学习，当然大多数课程并不是免费的，但你可以在它们促销时购买年费会员。“智合”上还是有些干货的，尤其适合对某个领域不熟悉的朋友，可以通过学习快速切入，因此比较推荐。另外，类似的还有“吾法吾天”（App、微信小程序）。

众所周知，微信公众号里的文章相对于我们在百度下载的文章而言，一般还是比较专业的，水准也比较高。一些公众号的内容也很不错，比如法务领域的“WeLegal 公司法务联盟”、民商法实务领域的“高杉

LEGAL"、知产领域的"知产力"和"垦丁学社"等。此外，还可以针对具体问题搜索微信公众号文章，推荐大家使用搜狗搜索进行检索。

4）参加研讨会

这种研讨会其实有很多，有的是律所组织的，有的是律协组织的，有的是高校组织的，还有的是大型企业组织的，等等。我以前刚做法务的时候对这方面并不关注，但是后来我发现，参加研讨会很重要，因为会议一般会邀请较为权威的法官、学者、律师等，大家可以在一起探讨和交流。你在短时间内可以认识很多的行业大咖，并跟他们建立联系，向他们学习。我在 2014 年因为偶然的一次机会参加了腾讯研究院组织的一次行业交流活动，感觉受益匪浅，自此我很喜欢参加研讨会，除了与法官、学者、律师当面沟通交流之外，一些圈内法务朋友借此机会还能见上一面。

5）法务同行交流

有人说，同行是最大的仇人。我认为大可不必。哪怕是竞争对手的法务，我们也是完全可以成为朋友的。尽管我们有时候可能针锋相对，那是因为站在公司的立场，但是从个人的角度，我认为我们是可以发展成朋友的，互相激励、互相督促、互相成就。跟同行法务搞好关系比较好的一点是对彼此的了解更深入，互相有一个照应和配合。比如，你所在公司的影视作品被另外一个公司侵权了，如果是采取公对公途径解决的话，你可能会通过行政投诉或诉讼的方式，这个流程一般都比较长，而且未必会取得比较直观的效果。但如果你跟对方法务有直接的联系，你可以直接把侵权信息同步给他们，他们一般很快就处理了（直接处理对他们来说也是件好事，他们可以借此跟业务表功——你看，我们侵权，对方竟然没去法院告，我们自己就把事情摆平了），这样双方法务都省了麻烦，避免了风险，皆大欢喜。

6）及时进行经验总结

例如，随着我们平时起草、审核合同的增多，我们会逐渐发现一些规律，其实公司的业务行为大致就那些类别，针对每类业务行为都有一份或几份合同，这些合同我们完全可以借鉴以往的经验教训，取长补短，总结成比较完善的模板。如果你到一个公司一两年还没有把公司所有经常性的业务行为的合同进行模板化，那我也只能一声长叹了。

除合同模板外，再如你办理诉讼案件的流程，是否有一个清晰具体的办案记录呢？能否做到经历一次案件就把这类案件的整个处理套路总结清楚呢？例如，前文提到的我做的应收账款清收的工作（在那之前我没有做过应收账款清收），为了对清收流程进行记录和控制，我做了一个 Excel 表格（见前文表 3–3），把商务沟通、公司发函、聘请律师、法院开庭、法院判决、执行整个流程全部理清楚了。这样以后我们再处理相关案件的时候，即使时间隔得久了，只要把这个 Excel 表格拿出来，往事还是历历在目的。

2. 行业知识

第一，也是最重要的一点，向业务同事学习。通过日常的合同工作、合规工作，其实你已经相当了解公司的业务了。此外，更重要的是，你平时需要跟业务同事多交流，多了解业务的现状和需求。在以往我所供职的任何一个公司，我跟业务同事的合作都很好，我认为自己的服务意识还是比较强的。我不是那种每天坐在办公室被动等业务同事打电话、发邮件、发短信、发微信过来沟通的，我一般会主动找业务同事聊，看他们到底在日常工作中有什么样的法务支持需求。比如，我在公司工作时，业务的团队很多在外地，为了更好地服务他们，我经常出差去拜访并了解他们的实际需求。我甚至经常跟我的下属说，如果业务部门允许，你们一定要主动去参加业务部门的会议，以便深入了解业务动向及实际需求。此外，还可以请业务同事给法务讲课。比如，之前我和团队对网游（尤其是手游）行业并不了解，为此我们专门请了业务领导给我们讲课。

第二，参加行业会议。每个行业其实都有大型的行业会议，比如互联网行业有乌镇的互联网大会，骨科医疗公司有国际骨科年会。这种行业会议一般比较宏观，能凸显这个行业面临的一些核心和重大问题，有助于我们法务加深了解这个行业。

第三，我们要积极参加公司年会、战略会、日常的经营会。年会、战略会较为宏观，主要体现的是公司如何应对外部经营环境的变化；日常的经营会较为微观，会加深我们对公司经营管理的理解。

第四，我们如果想快速认识某个行业的话，不仅可以下载一些行业研究报告（前文已述），还可以买一些相关行业的书籍进行学习。比如，当初我为了快速了解众筹、移动互联网、煤炭、互联网金融、区块链、元宇宙等行业，就曾特意买了一些专业著作去研究。

3. 了解监管机关、司法机关以及公证处、领导、同事

1）了解监管机关

我们要充分了解工作过程中所接触到的政府监管机关，如文化执法、市场监管、劳动监察以及行业协会等，要对它们的机构设置、管辖、执法依据、执法意愿与能力、各地执法差异、主管老师行事风格等了如指掌。

2）了解司法机关以及公证处

司法机关一般包括公安机关、检察院、法院。在涉及刑事案件的时候，基本上从公安机关、检察院到法院，你都会接触到。在此过程中，要详细了解它们的工作流程以及在此过程中需要我们配合的环节。一般你接触过一两次之后就有概念了，比如如何准备报案材料，如何跟进案件进展等。在为某公司维权时，我曾多次去外地报案，让一些犯罪嫌疑人被逮捕并受到了法律的制裁。法院是我们这些法务人员应该很熟悉的地方了，如果做诉讼工作那更是经常和法院打交道。我们对法院的管辖、立案的难易、经常打交道的法官的风格及思路、类似案件的大致结果和走向要了然于胸。

我们在涉及取证事项的时候，也会经常跟公证处打交道。作为法务，大家选择公证机构一般都是靠身边法务、律师朋友的推荐。但是，他们推

荐的公证员却未必熟悉你想要做的公证事项。那么，如何选择合适的公证机构和公证员呢？我一般先去中国裁判文书网搜索相关判决，判决中一般会介绍公证书及公证机构。据此，我就可以找到相关的公证处和公证员，因为他们已经做过类似的公证，故此轻车熟路，节省了时间，提高了效率。以上是我选择公证处及公证员的一点心得，仅供大家参考。

3）了解领导

我们可以根据领导的特点将其划分出一些类型，然后有针对性地谈一谈遇到这种类型的领导，我们该如何与他们相处。

从领导是否了解法务工作的角度，我们可以将其分为懂法务的领导与不懂法务的领导。如果法务朋友上面还有法务的领导，当然他就是懂法务的领导了，他对专业性的要求可能会更高一些。虽然说要求高，但是他大多数时候是能够理解你的，因为他对所交办法务工作的结果走向是有心理预期的，一般不会存在不切实际的幻想。但如果是不懂法务的领导，他往往从自己的意志出发（依他的想法恨不得法院的判决结果都按照他的意志来），你很难说服他，也会比较痛苦。对不懂法务的领导，一定要想方设法地降低他们的心理预期，让他们了解现实的残酷，否则如果总被他们的思路带着走，常常费力不讨好。

从公司的规模角度讲，有大公司的领导，也有小公司的领导。大公司的领导一般倾向于按照公司的规章制度行事，小公司如一些小民营企业的领导，因为一般是企业的所有者，所以倾向于法务工作都得按照他的意志来，可能会让你做一些打擦边球或处于灰色地带的工作，这个时候你要留心在此过程中可能涉及的执业风险。此外，小公司的领导有可能让你做的不纯是法务应该做的事情，有时候可能更像帮他做一些行政或助理方面的事情。这个就不要太介意了，因为你都已经到这种小公司来了，多说无益，多干点活就好了。

从领导的个人风格来讲，有雷厉风行的领导，也有温文尔雅的领导。在雷厉风行的领导面前，我们做事就不要太慢吞吞的了，要不然你会每天都被他叱责，所以我们要尽量贴近他的工作风格。

从领导做事的角度，有的领导对过程和结果要求非常苛刻，而有的领导就比较宽容一些。对于比较苛刻的领导，我们不应该觉得他是我们的仇人，整天来跟我们作对，我们应该把他当作自己的老师。我们要冷静地看到他指出的我们错误的地方，到底错误在哪，如何才能提升。如果你的领导是个“老好人”，一味包容，比如他认为你做什么事情都是好的，这让你也不知道自己哪里做得好与不好，好在哪儿，不好在哪儿。没有这种清晰的分辨，你就很难得到能力上的提升。

从领导的出身来讲，有国企的领导、外企的领导，还有民企的领导。国企的领导比较注重公司的规章制度，外企的领导一般较为随和，对员工个人关怀比较多，而民企的领导对过程、结果要求相对比较苛刻。

从领导的性别区分，则分为男领导和女领导。男领导一般不纠结于细节，而女领导一般更注重一些细节的问题，有时比较容易情绪化，当然也不尽然。从我个人的角度讲（我是男性），我更喜欢男领导，因为同性之间沟通比较方便，当然我也跟过很出色的女领导。

从领导的脾气来区分，有脾气很不好的领导，也有比较温和的领导。脾气不好的领导有时会当众让你难堪，但我们对领导最起码的尊重还是要有的。我曾经有这样一位女领导，她的脾气特别不好，在家里跟老公和正在上幼儿园的女儿吵（她对女儿小小年纪能在跟她吵架时不落下风颇为得意，说可能是当初怀孕的时候她跟供应商吵架胎教出来的），到单位跟同事吵。她把“吵”视为她工作的一种独特的手段和方式。她的意思是在工作中必须通过吵架，让对方感受到自己的强势，对方才会屈服。我很难认同她的这种价值观和处世哲学，我认为同事彼此之间应该商量着办事，如果对方无理取闹或欺人太甚那么必须还以颜色。但如果任何时候都以暴躁形象示人，只能显示出自己的不成熟与情商的低下。

对脾气不好的领导的无理训斥，也要适度予以反击，否则你有可能成为领导专属的出气包。我以前有一位男领导经常控制不住情绪进而当众发作，让下属下不来台。他的一个直接男下属经常挨他的骂，据说有一次这位下属陪他去集团公司开会的时候，他因为某些事情跟集团公司的人意见相左，就把怒火全发到这位下属身上，当众把下属骂得“狗血喷头”。

我认为对这种领导，长期忍受下去也不是个办法。有一次，这位男领导莫名地向我发火之后，我认为我没有错误，故此我也发了火，这时他反倒冷静了下来，后来对我再没怎么发过火，而那位“软柿子”下属则在一直被他训斥。通过这类领导，我也在思考自己如何对待下属：表扬下属的时候，我会当着很多人的面表扬，而批评下属的时候，我一般在会议室里单独找下属沟通。当然，批评的目的不是泄愤和训斥，而是告诉他哪些地方可以提升。

从领导的年龄区分，有比自己年长的领导，也有比自己年轻的领导。对比自己年长的领导，我们一般心理上都不存在不适应的感觉，但是面对比自己年轻的领导的时候，有些人可能心里会不舒服，其实年轻的领导心里也比较别扭（人家训斥你还得顾及你的脸面和感受）。对比自己年轻的领导，我的建议还是要保持尊重，重点关注人家的能力和优点，将注意力放到把事情如何做好上。

从领导的管理风格来看，有事无巨细都要操心的领导，还有不怎么管下属的领导，这是两种截然不同的风格。对事无巨细都要操心的领导，我们就按照他的风格来早请示、晚汇报，微信群里常报到，让领导感到贴心、放心。对不怎么管下属的领导，其实他也不是真的不管，只不过是不给你具体的指导，让你去发挥自己的创造力、想象力和主观能动性。即便是这样，我也建议早请示、晚汇报，因为表面上虽然他不管，但是我们仍然要跟他确认相关工作的目标、他的期望、截止时间等等。

如果缺乏沟通，很可能就是你最终做的结果跟他想要的是不一致的或存在较大差距，或者是因为项目的截止时间点并没有明确，很有可能他突然某一天找你要一个项目的结果，这时候如果你给不出来，他可能就瞬间发怒了。对这种不怎么管下属的领导，大家尤其要注意这一点。

4）了解同事

同事可以分为两部分：业务部门的同事和职能部门的同事。对业务部门的同事，我们平时一方面为他们提供法务的支持，另一方面我们应该把他们当作老师，虚心地跟他们学习业务知识，做到深度了解业务，这样才能为他们做好支撑和服务工作。

对职能部门的同事，尤其是我们自己法务内部的同事，我认为还是比较好相处的。当然也不排除竞争的情况，前文我已经提到过。在这种情况下，“发展才是硬道理”，我们最核心的还是要提升自己，这才是最根本的，总把目光放在别人身上，没有什么意义。对极少数人品比较恶劣的同事，建议敬而远之。人的精力、时间都是有限的，我们应该把更多的时间和精力投入那些与我们志趣相投、人品比较正直的人的身上。

4.“日渐荒芜”的朋友圈

我们再说一下法务朋友圈的建设与管理，其中最重要的是老师、领导、师兄师姐、同学、朋友这些资源。我为什么重点提到这个呢？请大家思考一下，通常我们法务人员朝九晚五准时上下班的比较少。以我为例，以前我做法务时单位离家较远，一般早晨很早就上班走了，下班到家天都比较黑了，周末基本上也是围着孩子转，所以用来交往的时间确实没有结婚前那么多了。故此，像老师、领导、师兄师姐、同学、师弟师妹相关的资源平时联系得比较少，也就逐渐疏远了，非常遗憾。

对法务来讲，因为不需要像律师那样主动拓展人脉以开拓案源，所以很多法务朋友就是闷头干好自己的活儿，既没动力也没时间去社交，这导致随着年龄的增长，很多法务的朋友圈越来越窄。我建议法务朋友要不断突破自己的惰性，不要一下班就蜷缩在自己的世界里，这样会越走越窄。

5.你的下属服气吗

这部分内容对那些带领团队的法务朋友会帮助更大一些（带实习生也

算，我在法务职业生涯的开始阶段就带了六个实习生），对不带团队的法务朋友，应该是迟早都能用到的，而且你可以逆向思考如何帮助自己的领导更好地管理自己。

我们都知道，公司 HR 有四大工作模块——选、用、育、留。我认为这四大模块对我们思考法务的管理工作有很大的借鉴意义。

1）选

“选”，即选择合适的人组建法务团队。在开始组建法务团队的工作之前，无论是从公司的层面，从业务需求的层面，还是从领导的层面，我们都要认真思考一下他们对于法务工作的需求是什么，并分辨出那些最迫切的需求。然后，再审视一下现在自己或加上已有的下属的能力和经验能满足上述需求的哪些方面，重点关注那些尚不满足的。针对目前不能满足的部分找到一个或若干个合适的下属来支撑，同时，还要有一定的用人前瞻性，要根据对公司、业务、领导需求的深刻理解，照顾到未来一段合理时间内公司或团队可能会产生的法务需求，毕竟合适的法务候选人不是招之即来的，常常要靠碰。例如，公司已经拓展了海外业务，海外英文合作协议的起草和审核工作目前却并没有合适的法务人员处理，那么公司势必要招聘一个对这些工作能够胜任的法务。

招聘中还有一些需要注意的事项，如下所示：

第一，在招聘的时候，要考虑到你自己的管理幅度的问题。人的时间、精力、能力是有限的，一般人的管理幅度是 4~8 人，如果超出管理幅度，你的整个管理效率会下降。所以，如果你的下属超过 8 人的话，你就要考虑是不是成立几个单独的小组或小团队，然后把法务工作性质相近的人放到一个小组或小团队里，由一个比较资深的法务作为组长或小团队负责人负责管理他们。然后，由这几个负责人来向你汇报工作。

第二，如果是招聘应届生，最好是他曾在公司实习过，对公司和团队的情况比较熟悉，而且我们对他本人的人品和能力也有一个认识。这样招聘过来的人往往就会比较合适。如果是社会招聘，我们一般还是倾向于优先考虑身边的同事或朋友推荐的候选人，毕竟有同事或朋友的信用背书，用起来更加可靠一些。相比稍差一些的是猎头或公司 HR 通过在招聘网站上筛选简历后物色的候选人，这种途径往往很难找到合适的人选。

第三，关系户的处理。在团队建立的过程中，有的时候可能会有一些人（尤其是公司领导）推荐一些关系户过来。先不要急于给关系户下消极判断，觉得浪费了自己的一个 head count，要实事求是地观察、分析关系户的能力如何，然后给他一个与其能力相匹配的工作职责。有的关系户，可能能力和关系都出乎你的意料，给你惊喜。当然，有的可能会给你惊吓。不过这些都不重要，关系户有能力的，用他的能力，没有能力的，用他的关系。我在第一份工作的时候就知道了某个关系户的存在（有点后知后觉）。这个关系户的工作能力很差，甚至有时你跟他说话他都没法理解，但是人家能在这里就必定有他存在的价值。毕竟，公司不是养老院，每个人在这里都有他存在的价值和合理性。

第四，如果法务需求并不是很迫切，但在近期会产生，其实可以去物色相关职位的候选人。一旦公司有这样的需求，就可以直接约候选人面试。毕竟，招聘的时间链条比较长，从筛选简历到笔试、面试、发 offer，候选人入职需要很长时间。要知道，面试一般情况下都不是一轮，一般要两到三轮。一般是 HR 面试一次，直接领导面试一次，部门领导面试一次。更为夸张的，像我参加过的某公司的面试竟然达到五轮（在职参加面试是很麻烦的，面到最后我甚至不想参加了）。因此，整个招聘流程一般需要很长时间，有的可能要半年甚至一年。

举一个我自己组建团队的例子。我在某公司工作时，主要负责的是移动互联网事业部的法务工作，其实就是负责支持该公司智能硬件（手机、平板电脑、互联网电视等）中的所有与软件相关的业务部门，比如手机应用商店、手机通讯录、游戏 App 等等。很多朋友可能对这个没有概念，其实每一个手机 App 产品背后都有一个团队，像手机应用商店的团队甚至有几百人的规模。故此，法务需求极其繁多。其实在招聘我之前，已经有一个女同事了。她原来是在国内知名的商标事务所从事商标事务的，学历背景也很优秀（毕业于某著名“985”高校）。因为公司最开始遇到的是商标的问题，所以有位业务同事推荐了她，她通过面试后就顺利入职了。入职之后她才发现，其实业务部门的法务需求不仅仅是处理商标的问题，还有很多其他的问题，比如合同、诉讼、政府关系、合规工作等等，这些事情以她的精力和能力根本没法去支撑和覆盖，所以领导招聘我过去的第一个期望就是让我负责把团队搭建起来。

我入职之后，同公司的领导、业务的同事先后进行了多次沟通，并对目前公司现在以及后续可能会面临的问题进行了细致分析，才确定到底要招聘哪些人（人才画像）、做哪些事情，然后据此确定了几个岗位：合同管理岗（负责中英文合同的起草和审核工作）、知识产权管理岗（负责商标、专利、软件著作权及域名的管理）、争议解决管理岗（负责公司运营过程中所产生的诉讼、仲裁等）、资质证照管理及政府关系岗（负责公司重要资质证照的管理以及协助我与政府机关进行必要的沟通）。其实每个岗位的工作量很大，一个人根本忙不过来，比如我们当时每天合同的起草和审核的工作量还是很大的，故此合同管理工作需要配备两三个法务，而其他的几个工作模块根据工作量的需求，还会再配备一两个正式员工，有时候视需求再带一个实习生。

2）用

“用”，就是对人才进行相应的历练，并且在过程中给予他充分的信任、支持，适时地给他相应的认可、奖励、荣誉和成就感。

“用”的第一步是把人才放到合适的位置，这就要对他的工作经验、工作能力有充分的认识，并且要尊重他个人对自己将来所从事工作的意愿，而这些都要跟他详细沟通。我曾有一个下属，她自己多次表示喜欢起草、审核合同，不愿意出去参加诉讼，所以我在与她沟通过几次之后，也同意把她的主要工作放在起草和审核合同方面。因为她本身就对这个工作感兴趣，所以做得如鱼得水。我还有另外一个下属，他的工作能力也很强，但就是不喜欢每天坐在办公室里去审合同。他口齿伶俐、思维敏捷，希望自己以后主要是在诉讼、仲裁领域发展，所以后来我就比较多地把争议解决的相关工作交给他来做。他们在各自擅长的或喜欢的领域去工作，这会更大地调动他们的积极性和潜力，也往往会做出更好的成绩。

人的需求实际上是非常多元的，丰厚的薪水和奖金只能满足人们某个阶段的需求。对很多人来说，除了收入，荣誉、成就感、价值感更有诱惑力。当我从事第一份法务工作的时候，有一个北京大学毕业的法务同事工作特别认真细致，在关键时刻多次维护了公司的利益。当时，我每周都会代表法务部门参加公司的业务经营会，其间也会汇报本部门的工作情况，我就借此机会把她的工作成绩跟总裁详细汇报了一下。总裁听后特别开心，然后说应该给她颁一个奖章。没过多久，总裁在一个正式场合当众向她颁发了劳模奖章并与她合影。她深受鼓励，向我道谢，工作比以前更卖力了。

我在前文提到我们团队有一个负责证照管理以及政府关系的大姐。虽然说这位大姐不能算是尸位素餐，但是据说在来我们部门之前就以“划水”和“磨洋工”两项技能而闻名。我先和我的领导商量了一下，更多地了解了一下她的个人背景及工作情况。后来，我找这位大姐详细沟通了一下，她也坦率地提出了自己的需求，其实她在这家公司工作多年，而职位级别上并没有一个明显的提升。我知道其实是因为她原来做的事情对公司而言并不是十分重要，也很难产生业绩，故此很难得到提升。了解到这个情况之后，我跟我的领导商量后共同与她深入沟通了一次，向她列举了目前她所负责的工作中有几项是可以产生成绩的，然后将我们对这几项工作的期望和目标告诉了她，并承诺如果到期能够达成，就会考虑给她晋升一级。她听了之后整个人从第二天开始焕然一新，斗志昂扬，跟打了鸡血似的。开个玩笑，我们都觉得她好像不是原来的她了。

3）育

我们再谈一谈“育”。有人将这部分工作理解为“传、帮、带”，我自己的理解是通过日常指导、集体会议、培训等方式来使员工更快地提升专业素养和实践能力。

日常指导。我在带团队的时候，曾经多次跟我的下属说，不论什么时候，只要有问题可以随时找我，而不要等问题积累、发酵到处理不了了才来找我。我不会嫌烦，也不会训斥你，只要来找我，我有问必答。我发现在我这些年的法务从业经历中，一些领导其实并不太愿意去跟下属交流。我曾经遇到过这样的领导，你平时约他的时间很难约得到（也不知道他整天在忙些什么），搞得好像比国家领导人都忙。不仅如此，当终于有机会见到他时，他跟你交代工作时，对这个工作的重要性如何、应该做成什么样子、截止日期是什么时候、怎么去做、如果有困难的话需要什么资源及支持等往往都没有交代清楚就让你去做。然后，你平时找他沟通又找不到，发了微信有时候他可能也没看到或因为很忙没有及时回复，导致没有反馈。而往往到了截止日期（他心中的）或他很急的时候他才想起这件事情来，然后把你训斥一通。作为他团队里的小伙伴，大家背地里颇多怨言。

定期复盘。对一些重要的项目，可以定期通过专项会议复盘的方式，请项目的操盘法务同事给大家将该项目的背景、目标、处理方式、经验教训等向其他同事（尤其是小组内部）做整体汇报，听众也可就一些问题与汇报者进行直接沟通交流。对实操者来说，这是一个很好的经验梳理、总结的机会，对其他未实操过的同事来说，无形中也增长了知识和经验。

集体会议。我们当时至少每周会有一次集中会议，除了需要保密不宜公开的情况，每个人都去讲一下自己目前所负责的各项工作的进展，并分享从中积累的一些经验。毕竟在公司规模大、团队人数多的情况下，每个人各负责一块，彼此之间交流较少，各自的长进是比较小的。如果没有这样一个分享机制，一些法务同事就会逐渐感觉工作枯燥、成长较慢，可能就会选择别的机会了。

培训。培训分为两部分，一部分是专业技能培训，另一部分是行业知识培训。专业技能培训由比较资深的法务给刚入行或较为资浅的法务讲解一些比较实用的实际工作中的方法和技巧，并解答他们在实际工作过程中的疑难问题。此外，为了让法务同事更深入地了解业务，并且创造机会与业务同事进行交流，我们还会定期组织行业知识培训，请业务同事来做一些分享和培训。比如，我在某公司工作时，为了了解游戏行业以及公司游戏业务的相关情况，我们请了游戏团队的负责人来给我们法务同事讲游戏行业产业链上下游情况以及我们在支持游戏业务的法务工作过程中可能会遇到的一些问题，这些培训活动极大地促进了我们与业务同事之间的愉悦、和谐的关系，同时也对我们更有效地处理业务过程中出现的问题起到了很积极的作用。

团建。有人说“一起工作把目标达成了就是最好的团建”，我认为这是在思想偷懒，或者是为节省成本找个冠冕堂皇的理由罢了。平时大家工作都很忙，未必有时间和意愿加深彼此的交流（大规模的法务团队尤其如此），而团建则是加强团队凝聚力的必要手段。一起聚餐、爬山、骑马、郊游、旅行、泡温泉、打得州扑克、玩狼人杀等等均可，但过于紧张刺激的活动就别安排了，比如密室逃脱（尤其是恐怖剧情的），我有几位胆儿小的同事就是参加完密室逃脱之后留下了一些心理阴影——特别是当别人趁其不备冷不丁在他身后拍他时，都能把他吓得蹦起来。此外，有必要提醒一下，有些颇为尴尬暧昧、低级趣味的“真心话大冒险”和“破冰游戏”就不要在团建中安排了，这是做人底线的问题。

4）留

我们再谈一下团队管理的最后一个模块——留。“留”包含两部分，第一部分是如何留住优秀的人才，第二部分是怎么换掉不合适的人才。

如何留住人才呢？我认为最根本的还是要关注人才本身的需求。比如，他可能希望在某个专业领域掌握更多的知识和经验，那你就要给他创造相应的机会去学习。如果他想在诉讼领域有所发展，那么你就让他有更多的出庭机会。如果他希望自己能够得到晋升，那你就需要站在他的角度帮他去思考、分析现在离他晋升还差了哪些必要的条件，并且与他商量如何改进自己的绩效，进而帮他达到晋升的结果。当然，如果实在留不住，“强扭的瓜不甜”，比如他可能觉得目前他想学的或目前公司能够给他晋升的空间是很有限的，他希望到其他更大的或更适合他的平台去发展，我认为也要尊重他的意见，给予祝福。甚至最好能帮他这个忙，毕竟作为法务领导在社会上、职场上认识的人会更多一些。我就跟我的下属坦率地讲过，我希望你们都发展得更好，最起码以后到了我这个年纪要比我现在强，如果你们觉得现在的平台无法满足你们继续向上发展的需求而有跳槽的想法，其实你可以直言不讳地跟我讲，我甚至可以去帮你。我说的并非空话，我帮过我的一个下属跳槽到了一家互联网公司（他想去互联网公司工作），他很感激我。

再说一下怎么换掉不合适的人才。我在某公司工作的时候，团队里有一个小姑娘是管理合同的。她在我入职之前就已经在这家公司负责合同管理的工作了，但是因为她本身也不是法学专业的，对她来说，管理合同更多的是将合同提交给集团法务走流程而已，起草和审核合同对她来说基本属于 mission impossible（不可能完成的任务）。在我组建法务团队后，群贤毕至，她的位置就显得比较尴尬了。为了团队合理配置资源，同时也是为了她的发展考虑，我多次找她谈话，主要是想了解她以后发展的方向，并且站在过来人的角度帮她出谋划策。她最后坦率地表示不想做法务，也不想在法务这个领域有什么发展，更不想参加法考。我就问她，那你真实的想法是什么？她说，我想去做商务。我一想确实也对，因为原来她大部分工作都是在支持和配合商务同事做事的，甚至有一段时间还做过商务负责人的秘书。后来，我直接找到了商务负责人，跟他很坦诚地交换了意见。我说她留在我们团队会限制她的发展，因为她确实不愿意做法务的工作，如果能到你的部门去做商务，我认为更合适。商务负责人听取了我的意见，然后就把她转到了商务部门。她对这个结果感到很开心，她现在在一家著名的互联网电商大厂从事商务工作，也取得了很好的成绩。

再举另外一个例子。我在某公司负责法务工作的时候，有一个下属是领导安排过来的。我刚开始还以为她有什么背景和关系，因为她有的时候连我们总经理的面子都不给，甚至有时还给我领导脸色看。我特别纳闷，如此趾高气扬、飞扬跋扈，我还以为她的家庭背景很硬呢。后来经过了解才知道，其实她也没什么背景，真的只是单纯的脾气不好、性格古怪而已。这也就罢了，后来有一次，我安排她处理某个特别紧急的事情。我告诉她这个事情一个星期内必须做完（以我对她所在岗位的工作量及工作强度的了解，这对她已经是很宽松了。毫不客气地说，换了我自己做，两个小时就做完了）。结果她竟然没好气地跟我说现在太忙，下个月才能给，我当时就怒了，非常生气地说要不你别在这儿干了，我找别人来做。后来，我找到 HR 负责人（他也被我的这位下属怼过），同时也跟我的领导（他也同样被我的这位下属怼过）反映了这个问题。领导还跟我求情说都是老员工了，也不太好意思。我当即表示，在家里可能她父母惯着她，在职场上谁惯着她臭脾气啊！如果继续姑息纵容她，这个企业的风气将会越来越差，必须把她裁掉。如果仅仅是我对她有怨言就罢了，公司上上下下的人几乎都被她怼过，大家都嚷嚷着开掉她，几乎没有人为她说话。最后董事长还是尊重了我们的意见，把她辞退了。

另外，我想谈一下团队管理的核心价值观问题。我认为在管理的过程中一定要利用人性上的优点，而不能去利用人性上的阴暗面。在实际工作中，我看到很多领导可能是《康熙王朝》和《甄嬛传》之类的影视作品或读物看多了，比较喜欢搞权谋，喜欢利用员工人性上的缺点、弱点、阴暗面来胁迫或者逼迫员工做事情。还有所谓的“赛马机制”（很多公司都在用），坦率地讲，如果在“赛马”的过程中，管理者秉持公心，以结果为导向，而不是挑动下属的妒忌、嗔恨和攻击性，我认为是可以的。但是很多领导往往喜欢让下属之间互相斗，或者安插一个下属监视其他下属。坦白地讲，我并不赞同这样的做法。

我并不认为权谋之术到现在还能通用，人性中有光辉的一面，我们为什么不去发挥呢？每个人都希望被爱、被包容，都希望有荣誉、被赞美。

为什么不把这些人性中好的东西给激发出来，却发掘其阴暗面，故意让同事之间产生矛盾进而好去操控呢?! 总之，所有这些管理的方法，最关键的还是要依赖管理者。管理者是一个什么样的人，就决定了这个团队是一个什么样的团队。因此，作为一个法务团队的管理者，你最好先把自己变得越来越好。

关于管理方面的书籍，推荐《管理的常识：让管理发挥绩效的 8 个基本概念》(陈春花著，机械工业出版社 2021 年版)。

6. 良好的工作习惯

顺带提一下法务工作习惯的问题，以下是我的建议。

第一，记录工作时间的习惯。我所接触的大部分法务朋友都没有这个习惯，其实很多正规的中介行业人员有这样的工作习惯。我第一份工作是在某四大会计师事务所，那时候我们有一个记录项目工作时间的系统，每天我们都会把自己在某个项目上所耗费的时间记录下来。虽然做法务并不像中介机构人员一样存在按小时收费和统计人工用时成本的问题，但时间的记录也很有必要。

记得我刚从事第一份法务工作的时候，我的领导就让我把每天做的事情记录下来，这样方便以后回顾，且起到备忘的作用。我就用 Excel 表格制作了一个记录表，每天开始工作时我会先把一天工作的规划记录下来，如果有新的工作产生，我会加到当日的进程里；同时，我还会把未来一段时间的工作安排记录下来，这样就不会遗忘了。从那时开始，我整整记录到现在。这十二年的法务生涯每天我做了什么都有具体记录，历历在目。去年年初，我阅读了《奇特的一生》([俄] 格拉宁著，侯焕闳、唐其慈译，北京联合出版公司 2016 年版)。受其影响，在腾讯技术同事的推荐下，我在苹果 App Store 下载了“aTimeLogger”，用于记录每天具体的时间花费。每晚临睡前，我都会回顾一天的时间用度，看看“时间都去哪儿了”，思考有哪些可以改进的地方。

第二，善于汇报的习惯。除了前文提到的充分利用业务经营会或例会等汇报场合，日常的汇报也同样不可或缺，甚至更重要，毕竟业务经营会或例会又不是天天开。日常的汇报一般有几种方式：找领导面谈，即时通信工具汇报（如微信、企业微信、钉钉、飞书等），邮件汇报。如果你有急事汇报，而领导就在公司且现在有时间，那么你可以直接找领导当面汇报，这样比较有效率，除非因为是重要事项审批或决策而需要在邮件或即时通信工具上留痕，千万不要眼看着领导在你面前你还给他发微信了。

如果事情并不紧急或找不到领导，我们可以在即时通信工具上汇报。我在微信、企业微信或钉钉上汇报时，一般会在文首中括号内起个标题，以便让领导短时间内了解到底是什么事情以及事情重要与否。

如果是以邮件的形式进行汇报，务必想清楚收件人和抄送人到底是哪些人，不要把一些无关人等一股脑儿放在收件人一栏或统统放在抄送人一栏中，这样会给人家带来困扰。另外，如果是表功性质的邮件，务必抄送给对工作成果亦有贡献的其他团队成员，并且在邮件正文中对他们的支持和帮助表示感谢。这样既是对他们的尊重，也会让他们对你平添好感。对于邮件标题，我一般会在邮件标题栏先用中括号标注事情的重要性及紧急程度，如“［重要 & 紧急］”。毕竟，领导一天要接收很多邮件，如果你不明确告诉他事情的重要性及紧急程度，他很可能会漏看。

邮件的正文我也要求行文必须简洁，不能有一个多余的字。同时，在发送前，我还要检查收件人和抄送人是否有遗漏，字体、字间距、字体颜色、是否有签名、是否遗漏附件等，确认无误之后方才点击发送。关于邮件签名我有一点提醒，千万别太个性化，以前我有位同事喜欢在邮件签名中加上自己的绰号，尽管比较有个性，但就法务工作而言，显得很不专业。

此外，顺带提一下，很多法务朋友都很重视公司半年会和年会会议，他们一般会制作酷炫的 PPT（外部服务机构可做），PPT 中既有大家通宵熬夜加班的照片，也有文件堆叠成山的照片，还有众多的法院判决书或行政处罚文书，给领导以强烈的视觉冲击，效果极好。也有的法务朋友将汇报内容变成一张长图，长图中有各种柱状图、饼状图、折线图以及各种数据，这种长图适合通过微信展现给领导，效果也很不错。

第三，工位、桌面、电脑桌面和文件夹务求简单、整洁。在以往的法务职场生涯中，我经常看到这种情况：很多法务朋友的工位乱得很，桌子下面随意摆着鞋子、零食、杂物等，桌面上文件夹及文件放得到处都是。再看他们的电脑桌面，乍看我还以为我眼花了呢，因为他们把所有文件都放在电脑桌面上，真是漫天星斗，一般有密集物恐惧症的人看一眼估计就得背过气去。再看他们的电脑文件夹，文件在里面各种乱放，毫无章法可言。工位杂乱的后果是有碍观瞻，桌面杂乱的后果是易丢文件，电脑桌面和文件夹杂乱的结果是着急的时候自己都找不到想要的文档。我对自己的要求是工位、桌面极简，不要有一个多余的东西，电脑桌面图标不超过一列，电脑中文件夹名称规范、逻辑清晰（图 3–7 是我电脑三个文件夹的截图，仅供参考）。此外，在搜索查找电脑中的文件时，我不喜欢用 Windows 自带的搜索，我认为搜得好慢，我比较喜欢用“Everything”这个软件，查找文件特别快捷。

图 3–7 我的电脑文件夹截图

第四，文档命名规则。这个不光学校的课程没有，刚踏入职场也未必有人教。我在刚进四大工作时，专门有这方面的培训，同时我的领导也有言传身教。我的电脑文件夹名称一般不超过四个字段，文件的名称也尽量简洁，一般分为四个部分——对方公司名称 + 文件性质 + 起草或审核日期 + 版本，如“与 × 公司合作框架协议 -20151209-V1”。有了“对方公司名称”和“文件性质”，便于我们搜索查找（规范文件命名后，用“Everything”进行搜索就容易得多），有了“起草或者审核日期”和“版本”（“V”是Version 的简写，代表版本，V1 就是第一版），我们就不容易弄混，尤其是在同一天出了不同版本的情况下。此外，除了上述标题四要素，有时还会加上起草或审核人的名称缩写或公司缩写，如“与 × 公司合作框架协议 -20151209-V1-xth”或“与 × 公司合作框架协议 -20151209-V1-Y 公司”。

最后，勤于总结的习惯，前文已有提及，不再赘述。

第四章

法务职业的风险与责任

做任何事情都有风险，喝口凉水都有塞牙缝的风险，法务工作也不例外。因此，作为本书最后的一部分，我们讲一讲法务职业的风险与责任。

一、外部风险

1. 合作方不可不防

与合作方交往既要讲诚信，但也不可不防。我在某公司工作时，公司与一家韩国的知名骨科医疗器械公司签署了战略合作协议，作为协议的一部分，对方承诺会赠送我们一批价值较高的骨科手术器械。对方商务负责人跟我沟通说，会在他们社长拜访我们公司时，将他们签署的文件原件带过来给我们公司盖章。不久后，他们果然来公司拜访，还带了已经签署的协议。我刚要给协议盖章，心想还是检查一下协议文本与我们最终签署的文本是否一致吧，便打开电脑开始核对，结果发现他们竟然偷偷删除了赠送手术器械的条款及附件，于是当众指出来，对方社长和商务负责人互相对视一下，眼珠一转，狡黠一笑，解释说忘了。我哼了一声，露出尴尬但不失礼貌的微笑重新打印了协议最终版请社长现场签字。

晚上，领导让我招待对方的商务负责人吃饭，我也眼珠一转，让领导司机开车带我们去昌平阳坊涮肉总店吃涮羊肉。司机问我走哪条路，一条是柏油路，距离较远，还有一条近路，但是途经一片荒野，其间还点缀着几片坟地。我说就走有坟地的那条近路，明月夜、短松冈的……果不其然，越野车在空旷无人的荒野行驶一段距离之后，对方商务负责人透过车窗环顾四周，怯生生地用英文问我要带他去哪里，我神秘地说送他去一个好地方，他听罢更加紧张了。后来，我们到了饭店门口，他才如释重负，转而喜上眉梢。

2. 难以避免的应酬

法务也会有一些避免不了的应酬，比如酒局。公司内的酒局从某种程度上说，也是一种团建。某知名公司的法务领导说过，没有什么是一顿酒不能解决的，如果不行，就喝两顿。一些公司内部酒文化比较盛行，在这种情况下，作为法务很难滴酒不沾。[①] 当然，我本人不太喜欢酒文化比较盛行的公司或团队，小酌怡情，有利于团队内部深度交流，但是喝过头了实在是没有必要。

对法务来讲，在公司不同于业务部门（如商务部门），对外不必参加客户的酒局，但有时也是难免的。有一次在安徽合肥，本来我是到当地去见客户的法务来沟通些事情。恰巧我们公司一位商务部门的领导当时也在此地出差，他约我晚上一起吃饭。我心想正好跟业务的同事聊聊业务情况，就答应了。结果，我到了饭店才发现这家伙原来是让我跟他一起陪客户喝酒，当时心里特别不爽，我又不是商务，凭什么让我去陪客户喝酒?! 但是当时客户的领导已经到了，中途离席并不合适，客户敬酒不喝也不合适。当晚，我喝了一斤多白酒，只是没吐而已。宴罢，我谢绝了他们去 KTV 唱歌的邀请，跌跌撞撞打了出租车回酒店。我担心吐到车上，就让司机中途停车把我放到路边。

醒了一会儿酒之后，我想骑个共享单车回酒店。我发现身旁有一个路灯，而下面正好就有一辆共享单车。我扫码后却发现推不走，仔细看才发现共享单车被人锁到路灯上了，这才明白共享单车原来被别人“私有化”了。当时我也没力气了，就瘫坐在路灯下抬头看夜色。此时，城里的月光把我照亮，我心中不禁百感交集。

对那些常有酒局的法务朋友，建议酒前喝点酸奶垫垫，席间适量饮酒，

① 有时也看领导的作风和性别。有的单位是女领导，她本身就不能喝酒，所以也不提倡喝酒。

酒后服用醒酒药并多喝水，平时奶蓟草护肝片就得开始吃上了。有的人喝多了会强行催吐，但就像一位民营企业家朋友所说，催吐伤食道，不吐伤肝肾，有时感觉就像人生一样左右为难。

二、内部风险

1. 公司“政治斗争”的旋涡

法务部门虽然是公司的清水衙门，但往往处于公司政治斗争的旋涡之中。我有一位法务朋友，她所在的某知名企业虽然在世界范围内名声赫赫，但在中国市场始终水土不服。她加入的时候公司内忧外患，法务在其中异常煎熬，连她的领导都在她入职后没多久就离职了。法务部当时还有另外一位比较资深的女法务，此人本科、研究生均毕业于“五院四系”，专业能力很强，但就是人品欠佳。她刚入职时，这位女法务就时常给她脸色看。她十分不解，后来据她的领导说，这位女法务是他招聘来的，刚入职时工作比较卖力，后来就开始摸鱼划水，领导本打算在女法务劳动合同到期后不再续签，没想到女法务怀孕了。自此，女法务对领导冷眼相向甚至出言不逊。因为女法务认为她是领导招过来的人，所以对她也颇为抵触，经常给她难堪。此时，恰逢公司动荡，女法务背地里经常勾结公司内部一些不安定分子，给公司制造各种麻烦。她当时在这家公司工作感觉比较憋屈，既要防着外部，又要防备公司内部女法务和那些不安定分子对公司的各种举报，同时还要面对一些惹是生非的业务同事。身处其中，她压力山大。

2. 公司的“铲屎官”

通俗地讲，法务的宿命就是给业务擦屁股、“铲屎”的，因此有人称呼法务为公司的“铲屎官”。我认为这么称呼没有任何贬义，为业务“铲屎”乃是法务的天职。打个比方，医生是靠医治患者身体或精神上的疾病来体现自己的价值，法务以预防和化解公司所面临的法律风险来体现自己的意义。对一些想要加入法务行业的朋友，如果觉得自己不能接受为公司“铲屎”这种光荣而艰巨的任务的话，那你确实要慎重考虑一下自己是否适合从事法务工作。

3. 领导的期望你别猜

有人开玩笑说，现阶段法务的主要矛盾是领导不着边际的法律需求与法务能力、法务数量之间的矛盾，这道出了实情。在一些民营企业，领导并不懂法律，以为“人有多大胆，地有多大产”，对法务工作的期望和要求往往脱离实际。比如，有时候我们经过专业判断是一个必输的案子，领导却希望起死回生。这时，作为法务，你需要花很多的时间、精力和耐心去说服领导，让他认清现实，并做出符合实际的决策。

4. 领导的错误决策你得扛

如果领导决策不当甚至是违法的，那么必然会给公司和法务带来风险。我此前遇到的某家视频内容类的公司就是一例，该公司所引进的内容存在极大的版权问题，继而引起了数量众多的诉讼。既然产生了诉讼，那么负责去处理的肯定是法务。维权方起诉的是我们的运营商客户，而运营商客户又都是国企，被发律师函后就急于让我们出钱和解。但因为我们着急和解，和解价格就很难压下来。故此，维权方律师就反复施压，甚至在开庭前不断抬高和解的价格，搞得我们相当无奈。

5. 法务 PK 领导

法务在工作中难免与领导产生意见不一致甚至产生矛盾和冲突的情况，这时法务要尊重领导的意见，毕竟领导一般掌握的信息更加全面，会考虑得更加周全。如果领导实在不讲道理，大不了跳槽换个平台，没有必要弄得你死我活。2020 年底，一则法务负责人毒杀老板的消息轰动了法律圈，犯罪嫌疑人被称为法务界的“绝命毒师”。据说，该上市公司老板对法务负责人十分不尊重，甚至有一次当众把杯子里的水淋到法务负责人的头上。由于积怨已久，法务负责人为了报复，在老板的营养品中下毒，最终毒死了这个年轻的上市公司老板，自己也锒铛入狱，令人不胜唏嘘。

6. 顶雷背锅的小法务

千万要注意，个别领导本身就没想把企业做好，而是千方百计地通过不正当的手段实现个人利益。这种情况下，你如果跟着他工作就很有风险。我有一位法务朋友，他的领导被股东方免职后，背着他悄悄地找他的下属审批通过了几份合同，以便向子公司转移资金，并且让他的下属不要告诉他。后来，他的下属在离职前还是告诉了他这个事情，令他非常愤怒。他对我说，幸亏审批表上没有他的签字，要不然新的领导查起来，他怎么说得清楚。如果你碰到的是这种不靠谱的领导，一定要留个后手，充分掌握好相关证据，不要被人家带到沟里去。

7. 业务同事也不得不防

大多数业务同事是好的。极少数业务同事，要么是因为坏，要么是因为蠢，法务稍不注意就可能被他们带到沟里去。我在某公司工作时，有位业务领导就不太地道，属于有过错往别人身上推，有功劳往自己身上揽的主儿。记得有一回，他的一个决策失误给公司带来了损失，他在公司的业务经营会上将责任推给了法务，说是法务建议的。我当时就调出了当初和他讨论此事的钉钉聊天记录，让他的甩锅行径当场败露。因此，法务平时跟业务同事沟通时一定要留痕，比如一些非常重要的事情，需要业务领导确认的事情，或者需要领导审批的事情，一定要通过公司邮箱、钉钉等软件保存好沟通记录。此外，切记微信聊天记录换手机了千万要转移，别到时候什么证据都弄没了。

还有的被业务同事坑了不是因为业务同事人品坏，实在是因为业务同事很蠢。某知名公司的业务部门给一个客户做了植入广告，但是对方一直没有支付广告费，商务催款也无效，于是商务同事急匆匆地找到负责维权的法务人员。这位法务一看对方是知名公司，非常兴奋，心想这下露脸的机会来了，于是马上以拖欠巨额广告费为由，申请法院查封了对方财产。结果对方回应根本没有跟该知名公司签订过合同并在当地报案。经查，原来是几个骗子以对方公司名义与该知名公司签署了合同。我认为负责对接的商务同事实在是蠢透了，连最起码的商务意识也没有，难道对方平时是否通过公司邮箱与你沟通都不知道吗?!骗子总不会为了骗你而去申请公司邮箱吧！这件事给该公司和法务部带来了极大的负面舆情影响，负责此事的法务人员因此被调到边缘岗位（打入“冷宫”），后来只好离职了。

三、自身风险

1. 能力不足干着急

有些法务朋友本身在诉讼领域的经验并不多，并且诉讼领域本就范围广泛，比如有合同类的诉讼，也有侵权类的诉讼，其中侵权类诉讼还可以细分，比如侵犯信息网络传播权的诉讼。像我曾经的客户被起诉了之后，其法务人员连信息网络传播权这几个字都没听说过，这种情况下让他去处理这方面的诉讼纠纷，并且又比较紧急，挑战还是相当大的。这种情况下，法务只能靠自己通过各种手段去学习了，除了书本、案例上的学习，还可以向你聘请的律师学习，向对手学习，向法官学习。

2. 莫伸手，伸手必被捉

在与中介机构的合作过程中，无论是选聘还是最终确定合作关系，作为公司法务一定要避嫌。比较大的公司一般有严格的廉政制度（有的大平台要求特别严格，甚至不允许自己的员工私下见供应商），法务朋友一定要遵守，避免毁掉自己的职业生涯甚至是人生。此外，有些律师朋友跟我讲，有的法务直接向他们索贿，在这种情况下，他们一般不会选择与这家公司合作，因为担心法务负责人这么贪婪，甚至毫不掩饰，将来发生风险的可能性极高。对这些法务朋友，我的建议是如果你想多赚钱还是出来做律师吧，否则拿了不该拿的钱，迟早会出事。

后　记

2021年6月，我告别了十二年的法务职业生涯，毅然踏上了律师之路。

回首往事，那些鲜花与掌声，那些挫折与痛苦，虽然永镌脑海，但已找不到那种置身其境的鲜活与动人心魄。可能这就是千古文豪苏轼所说的"回首向来萧瑟处，归去，也无风雨也无晴"吧！

虽说如此，我仍然想写点什么，给我十二年法务生涯画上一个圆满的句号，更希望能将其中的经验、教训系统地告知有志于从事法务职业或刚从事法务职业而充满困惑的朋友们。哪怕其中只有一个人从我的书中受益，也足慰我心。

我理解你们，因为我当初和你们一样。

你是否还在为是否选择法务工作为终生职业而举棋不定？

你是否因为初做法务，面对业务同事的质疑和堆叠成山的文件而无所适从？

你是否因为工作成果与领导的期望相去甚远而自我怀疑与深深自责？

你是否因为困顿在琐碎的日常事务中无法自拔而选择"当一天和尚撞一天钟"，甚至是躺平？

你是否因为身在小公司感觉才能无法施展而灰心丧气？

你是否因为身在大平台，有大平台的光环加持而忘乎所以？

你是否因为公司严重内卷被边缘化而自怨自艾、顾影自怜？

你是否……

如果是这样，请你翻开这本书。你能感到一位法务职场老兵在真诚地与你交谈，真心地希望你在法务这条路上走得顺畅、快乐、圆满。

当然，资深的法务朋友也可以翻开这本书，或许你会会心一笑，或许你认为不值一哂。倘若你觉得不值一哂，欢迎你加我的微信赐教于我，或者我更欢迎你写出作品奉献给大家，这样也成就了本书抛砖引玉的目的。

本书文风力求通俗易懂、幽默诙谐，毕竟大家平时学习、工作都很辛苦，我可不希望大家打开我的书不久就与周公相会了。本书成书较为仓促，加之笔者受认知、经验、表达所限，疏漏之处在所难免，还请广大读者朋友不吝赐教。

在此，我想对在我写作过程中提供支持和帮助的恩人予以感谢。

感谢我的恩师杨立新教授，我至今还难以忘记当初您指导我时所倾注的心血与无私的付出。感谢刘鸿主任，是您给了我这样一个大平台，让我顺利开启了律师职业生涯。感谢高唤栋先生，是您带我进入法务之门，让我领略了法务生涯的别样风采。

感谢慨然应允为我作书评的蒋琪律师、付希业律师、朱华芳律师、糜志彬律师、郑宁主任、王竹教授、李强教授、洪祖运先生、马强先生，你们的支持、鼓励与帮助，令我倍感鼓舞。

感谢以下在本书成书过程中提供大量资料、意见与建议的朋友们！他们来自法务、律师、投资人、券商、创业者、大学教师、管理咨询专家、企业 HR、工商代理、法学院在读学生（以姓氏笔画为序）：王一妃女士、王志龙先生、王盼盼女士、王庭先生、王晓李女士、王磊先生、卢鼎亮先生、白岩灵女士、丛龙峰先生、仲海燕女士、刘效先生、刘津阁先生、齐彪先生、许冬梅女士、孙碧蔓女士、李文婷女士、杨仕龙先生、杨竞先生、何润先生、张麟女士、陈进进先生、陈标冲先生、范瑶女士、胡舒月女士、修冬先生、班妮女士、聂小晶女士、郭俊辰先生、唐青林先生、梅不寒先生、曹峻先生、蔡路先生、潘绍明先生。

感谢那些在本书写作过程中对我多有帮助但因种种原因不愿留名的朋友。

感谢过往的东家给我宝贵的工作机会，感谢过往的领导对我的提携，感谢过往的同事对我的帮助，是你们丰富了我的人生体验，让我成长。

最后，衷心感谢中国法制出版社赵宏女士、冯运女士、陈晓冉女士，没有你们就没有此书的面世，感谢你们为此书所做的辛勤付出！

名家点评①

一口气读完徐泰辉先生的大作《推开法务的门》，全书对什么是法务，法务的成长和价值，法务在公司和行业中的作用娓娓道来。这是一本贴近法务行业的全景式展示的作品，也是一位法务老兵从法务转行律师之后对法务职业所做的宝贵经验总结，在此首先推荐有志于从事法务行业的法律人和正在从事法务工作的同行去读此书。作者基于长期的工作实践和深厚的法律功底，阐释了“公司法务有前途”和“公司法务要了解业务和帮助业务才能实现有为才有位”的道理，这也是法务行业立身之本和从业之道。希望本书的出版可以帮助各位理解和深入了解法务行业。公司法务联盟成立以来也是希望能够汇聚法务声音，赋能公司法务，增强商业影响力和提升职业影响力，致力于让公司法务成为企业核心的贡献者。同道者同行，期待更多同人关心支持法务发展，推动法治进步。

——马强　公司法务联盟创始人

泰辉是一个颇为幽默的人，当年同窗时就是如此。他创作的这本法务职业生涯的著作有趣、有料、有价值，我愿意把它推荐给那些有志于从事法务工作的朋友，尤其是那些即将毕业踏入社会的法学院毕业生。

——王竹　四川大学市场经济法治研究所所长、
法学院教授、博士生导师

---

① 按姓氏笔画排序

前法务达人徐泰辉的这本专著，从法务的职业规划入门、技能提升、工作责任和风险等方面进行了深入浅出的阐述。这是一本法务成长的指导书，没有空话、套话，只有作者的谆谆教诲和真诚讲述，值得每个渴望成为法务的人细细研读。相信这本著作，能为未来的法务人员打开通往成功与幸福的大门。

——付希业　北京浩天律师事务所管委会委员、合伙人，畅销书《企业合同管理 33 讲》《大律师锤炼计划 33 讲》作者

本书作者基于十二年的法务实操经验，以活泼有趣的语言将自己对法务这个职业方方面面的细致观察、全面梳理和深入思考娓娓道来，第三章“法务的工作与技能”更是列举了诸多翔实生动的工作场景，并对如何培养法务能力提出了非常务实的建议，相信对有志于从事法务工作的同仁大有裨益。

——朱华芳　原中化集团法律部副总经理、天同律师事务所合伙人、ALB 2022 年中国十五佳诉讼律师之一

法务相较于其他法律职业具有独特的工作定位和发展模式，作者从事多年法务工作，对法务职业具备丰富经验和独到理解。本书是作者凝练心血的诚意之作，阅读此书时，感受到其洞中肯綮、严谨求实又不失风趣幽默的风格之余，更能体会到一位资深法务从业者对行业生涯各环节全面、精准的把握和剖析，对有志从事法务工作的读者是一本实用性很强的从业指南。

—— 李强　中国政法大学法学院副教授、军事法研究所所长、耶鲁大学访问学者

法务是法律职业共同体的重要组成部分，但社会对这一职业的认知度偏低。《推开法务的门》是一本知识性和趣味性很强的法务职业入门书籍，本书作者结合自己丰富的法务经验，通过大量生动的事例，为想了解法务工作和刚步入法务职场的读者打开了一扇门，对于明确职业方向、提升职业素养、防范职业风险具有积极的参考价值。

——郑宁　中国传媒大学文化产业管理学院法律系主任、文化法治研究中心主任、中国法学会法学教育研究会理事

目前，国内关于律师职业的作品很多，但描写或者完整讲述法务生涯的著作却很少。徐泰辉先生经过其十二年法务生涯总结和提炼的这本书可谓一场及时雨，它既是我们了解法务职业特点与现状的桥梁，也是我们学习法务工作技能和方法的参考。相信他的书可以启发更多的法务朋友拿起笔来，为法务职业共同体贡献出越来越多的智识精品！

——洪祖运　智合创始人、董事长、CEO

在我的心中，未来 10 年，中国社会律师的数量应该能达到 100 万人，同时希望公司律师与公职律师数量也各能达到 100 万人，“三师”融合、规范管理、共同发展，共同构成社会主义法治国家的重要力量。本书作者是我的合伙人，从公司律师（法务）中来，已成为社会律师的中流砥柱，身在浩天，最懂法务，落笔有神，成文有料，值得“三师”研读，必将开卷有益。

——蒋琪　北京浩天律师事务所管理合伙人、董事局主席

“法律的生命力不在于逻辑，而在于经验”，法务亦如是。作者在详解这一职业的知识储备、必备技能和工作模式之余，更结合自己多年的法务经历，深入探讨了法务的职业规划与晋升之路，干货很多，诚意满满。

——糜志彬　阿里巴巴集团优酷诉讼部门原负责人、北京市文化娱乐法学会直播与短视频法律专业委员会主任

图书在版编目（CIP）数据

推开法务的门 / 徐泰辉著 . —北京：中国法制出版社，2022.6
（2023.5 重印）
ISBN 978-7-5216-2638-4

Ⅰ . ①推… Ⅱ . ①徐… Ⅲ . ①法律—基本知识—中国
Ⅳ . ① D920.4

中国版本图书馆 CIP 数据核字（2022）第 062650 号

策划编辑：赵宏　　责任编辑：陈晓冉　　封面设计：周黎明

推开法务的门

TUIKAI FAWU DE MEN

著者 / 徐泰辉

经销 / 新华书店

印刷 / 北京虎彩文化传播有限公司

开本 / 710 毫米 ×1000 毫米　16 开　　印张 / 14　字数 / 194 千

版次 / 2022 年 6 月第 1 版　　2023 年 5 月第 2 次印刷

中国法制出版社出版

书号 ISBN 978-7-5216-2638-4　　定价：49.80 元

北京市西城区西便门西里甲 16 号西便门办公区

邮政编码：100053　　传真：010-63141600

网址： http://www.zgfzs.com　　**编辑部电话：** 010-63141835

市场营销部电话： 010-63141612　　**印务部电话：** 010-63141606

（如有印装质量问题，请与本社印务部联系。）